아이의 청해력

공부 능력이 향상되는 듣기의 힘

아이의 청해력

진동섭 지음

포르*체

우리는 지금 잘 듣고 있을까?

말귀를 못 알아듣는 아이들이 많아졌다. 말귀란 말이 뜻하는 내용을 뜻한다. '말귀를 못 알아듣는 아이들이 많아졌다.'라는 말에는 아이들이 말을 들었더라도 내용을 이해하지 못한다는 우려가 담겨 있다.

말을 듣는 태도가 좋지 않은 아이도 많아졌다고 한다. 말을 듣는 태도가 나쁜 아이는 건방지다, 산만하다, 버릇이 없다 등 다양한 비난을 받게 된다. 친구들 사이에서도 '자기가 말할 때는 열변을 토하더니 내가 말할 때는 듣는 둥 마는 둥, 뭐 저런 애가 다 있어.'라는 평을 받는다. 이런 태도를 가진 아이는 학교 생활을 잘하기 어려울 뿐 아니라 사회생활도 잘 영위할 수 없다.

듣기에 관련한 문제, 즉 청해력 문제를 해결하려면 내용 파악 문제와 태도에 관한 두 가지 문제를 검토해 보아야 한다.

존재하지만 존재하지 않는 말, 청해력

국립국어원 표준국어대사전에는 청해력이란 낱말이 실려 있지 않다. 즉 청해력은 '있는데 없는' 단어이다.

국립국어원에 이런 질문이 올라왔다.

질문:

독해력은 사전적 의미가 있지만 청해력이란 말은 사전적 의미가 서술돼 있지 않습니다. 그러면 독해력이란 말은 있고 청해력이란 말은 없는 건가요? 여기 국립국어원 자료에도 청해력이란 단어가 언급되어 있는 게 있지만 사전엔 뜻이 없길래 한번 물어봅니다.

답변:

문의하신 표현이 사전에 오른 말이 아니라 명확하게 답변을 드리기는 어렵습니다. 다만 지금 우리말샘 뜻풀이에 쓰인 '청해력'을 참고

한다면 맥락상 '청취하여 이해하는 능력'으로 해석이 되는 듯하니 '청취 이해력' 정도로 표현할 수 있겠습니다.

사전에 독해력, 문해력은 있는데 청해력이 실려 있지 않은 이유는 청해력이 일반적으로 잘 사용되지 않았던 말이기 때문일 것이다.

독해력이나 문해력은 글과 관련되어 있어 공부를 하지 않으면 늘지 않는다는 인식이 강하다. 하지만 청해력은 일상에서 대화를 잘하기 때문에 굳이 훈련을 할 필요를 느끼지 못한다.

고등학교 국어 과목을 봐도 독서, 문학, 화법과 작문은 별도로 설정되어 있지만 듣기 과목은 별도로 설정되지 않은 것을 확인할 수 있다. 또한 영어 듣기를 청해력이라고 말하는 경우는 있지만 우리말 듣기를 청해력이라고 말하지는 않는다. 당연히 잘 듣고 있다고 전제하기 때문이다. 그래서인지 청해력을 다룬 연구도 많지 않다.

그러나 당연히 잘 듣는다고 생각해 방치했던 기능이 제대로 작동하지 않는 작금의 실태를 해결하기 위해서는 청해력 교육이 더 강화되어야 한다. 그러다 보면 청해력이라는 단어도 더 많이 쓰게 될 것이고 청해력이라는 단어가 국립국어원 표준대사전에도 등재될 날도 올 것이다.

삶의 기본이 되는 역량, 청해력

청해력이라는 어휘가 사전에 등재되어 있는지 아닌지의 문제는 차치하고 청해력이 삶의 기본이 되는 역량이라는 점에는 변함이 없다. 국가 수준 교육과정에서는 학생들이 갖추어야 할 6개의 핵심 역량으로 '자기관리 역량, 지식정보처리 역량, 창의적 사고 역량, 심미적 감성 역량, 협력적 소통 역량, 공동체 역량'을 제시한다. 이 6개의 역량은 개인에 관한 역량과 관계에 관한 역량으로 나눌 수 있다. 지식정보처리 역량, 창의적 사고 역량, 심미적 감성 역량은 자기관리 역량으로 대표되는 개인의 자아실현과 관련된 역량이다. 개인과 개인의 연결에 필요한 역량은 협력적 소통 역량이며 나아가 소통은 공동체로 확장된다. 협력적 소통 역량과 공동체 역량은 다른 사람과 소통하고 관계를 맺는 데 중점이 있는 역량이라고 할 수 있다.

국가 수준 교육과정의 '협력적 소통'은 청해력의 중요성을 드러내는 항목이다. 교육부는 협력적 소통 역량에 "다른 사람의 관점을 존중하고 경청하는 가운데 자신의 생각과 감정을 효과적으로 표현하며 상호협력적인 관계에서 공동의 목적을 구현"하는 역량이라는 수식을 달았다. 소통의 기본은 경청에 있다는 점을 확인해 주는 대목이다.

경청은 NCS(국가 직무 능력 표준)에서 제시한 작업 기초 능력에서도 중요하게 다루는 항목 중 하나다. NCS는 산업 현장에서 직무를 수행하는 데 필요한 능력(지식, 기술, 태도)을 국가가 표준화한 것이다. 여기에서 직종이나 직위에 상관없이 모든 직업인들에게 공통적으로 요구되는 기본적인 능력 및 자질을 작업 기초 능력으로 제시하고 있다. 작업 기초 능력은 다시 10개의 영역으로 나뉘는데 그 중 첫 번째가 의사소통 능력이고 의사소통 능력에 경청 능력을 한 항목으로 제시하였다.

청해력이 학습과 생활의 기본이 되는 역량이라는 점을 국가 수준 교육과정과 NCS에서도 밝혀 놓았지만 정작 경청 태도를 포함한 청해력 훈련을 할 기회가 별도로 주어지지는 않는다. 그러나 듣기가 교육 문제가 되고 나아가 사회 문제가 되는 시대에서 학교 교육에서 듣기 교육은 어떻게 이루어지고 있는지, 개인이 청해력을 기르려면 어떻게 해야 하는지 돌아볼 필요가 있다.

이제부터 NCS에서 제시한 의사소통 능력 중 경청 능력을 학습할 때 중시되는 요소와 듣기에 문제가 발생하는 것을 대비하는 방안을 생각해 보려고 한다. 일상 대화에서, 설명을 듣는 중에, 설득하는 말을 듣는 사이에, 토론 활동을 하거나 토론의 청

중으로 참여할 때, 나아가 진로 교육에서 사회적 역량으로 청
해력을 키울 수 있는 방안이 필요하다.

마침 포르체에서 청해력에 대한 내용을 담은 책을 기획하여
평소 관심을 두었던 내용을 글로 써내게 되었다. 생각이 책으
로 엮어지도록 도와주신 포르체 박영미 대표와 편집자분들께
감사드린다.

목차

1장

청해력이 기본이다

청해력은 무엇인가

청해력은 말뜻 그대로 듣고 이해하는 능력이니 더 많이 설명하면 사족이 될 뿐이다. 청해력이라는 단어가 사전에 없다 뿐이지 청해력이 무엇인지 모르는 사람은 거의 없을 것이다. 청해력은 듣기 역량일 뿐이다. 듣기가 무엇인지 모르는 사람은 없다. 그래서 청해력이 무엇인지를 밝히는 것은 삼각형의 각이 왜 3개인지 말하는 것만큼 재미가 없다. 우리가 삼각형의 각이 3개라는 것을 증명하지 않고 받아들이는 것처럼 청해력도 정의하지 않고 받아들여야 할 개념이다.

청해력의 뜻이 뻔한 이야기라도 청해력이 중요하지 않은 것은 아니다. 과거 대학 수학 능력 시험에는 우리말 듣기 평가가 있었다. 굳은 뇌가 이제 막 움직이기 시작하려고 할 때인 시험 시작 시간에 방송을 듣고 보기에서 맞는 답을 고르는 문제를 풀어야 했다. 대학 수학 능력 시험을 설계할 때 대학 공부를 하기 위해 필요한 능력이 듣기 능력이라는 점을 인식했다는 뜻이다.

청해력과 독해력

청해력은 독해력과 관련지어 생각하면 의미가 쉽게 파악된다. 아이가 초등학교 저학년까지는 글보다는 그림이 많은 책을 읽는다. 길이도 짧다. 이 시기의 독해력은 교육받은 어른의 입장에서 보면 보잘 것 없는 수준이다. 그러나 10년이 지나 고등학교를 졸업할 무렵이 되면 아이는 두껍고 배경지식도 많이 필요한 어려운 책을 읽는다. 사실적으로 읽을 뿐 아니라 읽은 내용을 비판적 시각으로 평가할 수 있다. 그리고 주제에 대하여 자신의 의견을 내고 문제 상황을 해결할 수도 있게 된다. 이 정도가 되어야 독해력이 있는 학생이라고 한다.

청해력도 쉬운 말을 이해하는 수준에서 출발한다. 대화나 이야기 중에 배경지식이 필요한 어려운 개념이 나오면 당연히 이해를 못하는 상황이 생긴다. 이때 이해하지 못하는 말과 그 의미에 대해 호기심을 갖고 알려는 노력 속에서 청해력이 자란다. 청해력은 사실적으로 잘 듣고 잘 이해하는 것에 그치지 않고 비판적으로 이해해야 하는 단계까지 이르러야 한다. 듣는 일은 듣고 마는 일에 불과한 것이 아니고 말하는 이의 의도에 대해 듣는 이가 반응하는 것이 중요하기 때문이다.

라디오 방송을 듣는 상황처럼 일방적으로 듣고만 있어야 할 상황이라면 사실적으로 듣고, 들은 내용을 받아들일 것인지 아닌지를 판단하면서 자아를 형성하는 데 보탬이 되도록 할 것이다. 대화나 토론처럼 상대의 말을 듣고 자신의 의견을 말하거나 말에 대응하는 행동이나 작업을 해야 할 상황이라면 말하는 이의 의도를 이해하고 비판하는 과정을 거쳐 반응을 하게 된다. 이런 상황은 듣고 마는 상황이나 라디오를 끄는 것처럼 듣기 싫은 말을 안 듣기 위한 조치를 할 수 있는 상황이 아니므로 말하는 의도까지 잘 이해해야 한다. 듣는 사이에도 말하는 이의 의견이 정당한지, 오개념은 없는지 등을 배경지식을 바탕으로 평가하면서 들어야 한다.

청해의 기본: 경청

청해의 바탕은 경청이다. 경청은 한자 뜻 그대로 누군가의 말에 귀를 기울여 듣는다는 뜻이다. 보는 것은 눈을 감으면 안 볼 수 있고 냄새는 시간이 지나면 순응된다. 홍어회를 파는 집 앞에서는 홍어 삭는 냄새가 나지만 들어가서 조금만 있으면 냄새가 느껴지지 않는다. 촉각도 순응된다. 처음 안경을 쓰면 불편함이 이만저만이 아니지만 시간이 지나면 안경 쓴 것을 잊고 세수를 하려고 한다.

그런데 귀는 늘 열려 있다. 청각 이상이 아니라면, 귀를 막고 있지 않다면 사람이 들을 수 있는 주파수의 소리는 언제나 들을 수 있다. 사람이 내는 말소리는 사람이 들을 수 있는 주파수 범위에 있으므로 언제나 들린다. 그런데 들었지만 못 듣는 상황이 종종 생긴다. 청각을 통해 들어온 정보가 뇌에서 처리되지 않은 것이다. 그럴 때면 들었는데도 무슨 말인지 이해를 못한다.

그래서 듣고 이해하려면 주의를 집중해서 귀를 기울여 들어야 한다고 말한다. 이는 국가 수준 교육과정에서 핵심 역량으로 제시한 6개 역량 중 협력적 소통 역량이 경청을 바탕으로 한다는 점, NCS에서 작업 기초 능력의 첫 번째 항목으로 의사소통 능력을 제시하고 그 중 경청 능력을 제시한 점만으로도 중요성을 짐작할 수 있다.

청해력이 부족한 시대

사오정 시리즈라는 유명한 유머 시리즈가 있다.

　사오정이 우유를 사서 냉장고에 넣어 두고 텔레비전을 보고 있는데 동생이 사오정한테 가서 우유를 먹어도 되는지 물었다. 그러나 사오정은 계속해서 텔레비전만 보고 있었다.

　동생은 화가 나서 소리쳤다. "형, 나 냉장고에 있는 우유 먹는다고!" 그래도 사오정은 귀찮은 듯이 텔레비전만 보고 있다. 더 화가 난 동생은 "형, 나 냉장고에 우유 먹는다!"라고 소리 질렀다. 그러자 사오정이 귀찮은 듯 바라보면서 하는 말,

"시끄럽게 하지 말고 냉장고에 가서 우유나 꺼내 먹어!"

사오정이 동생이 한 말은 듣지 않고 자기 말만 한다는 유머다. 비슷한 이야기를 또 하나 소개하겠다.

사오정과 손오공이 신입사원 면접을 보러 갔다. 손오공이 먼저 면접실에 들어갔다. 면접관이 손오공한테 물었다.

"당신이 제일 좋아하는 축구선수는 누구입니까?"

"옛날에는 차범근이었는데 지금은 손흥민입니다."

"세종대왕이 한글을 창제한 것은 몇 년입니까?"

"1443년입니다."

"외계인이 있다고 믿으십니까?"

"근거는 없지만 가능성은 있다고 봅니다."

면접을 마치고 나와 손오공은 사오정에게 정답을 가르쳐 주었다. 그리고 사오정이 면접실에 들어갔다.

"당신 이름은 무엇입니까?"

"옛날에는 차범근이었는데 지금은 손흥민입니다."

"당신은 몇 년에 대학을 졸업했습니까?"

"1443년입니다."

"아니, 당신은 정상이 아닌가 보네요?"

"근거는 없지만 가능성은 있다고 봅니다."

손오공은 면접에 합격했는데 사오정은 떨어졌다.

사오정은 묻는 말을 듣지 않고 대답을 한다는 유머다. 여기
나오는 사오정은 《서유기》의 사오정이 아닌 우리나라 텔레비
전 만화영화 〈날아라 슈퍼보드〉의 사오정이다. 〈날아라 슈퍼보
드〉는 1990년대 초반에 방영한 애니메이션이니 30년 전의 영
상이다. 그런데 이 애니메이션에 등장했던 사오정은 말귀를 못
알아듣는 사람의 대명사로 아직도 회자되고 있다. 검색 해보면
최근까지도 사오정이 대화에서 익숙하게 활용되고 있는 것을
알 수 있다.

사오정이라는 표현은 사오정 국회, 사오정 정부, 사오정 정
치인 같은 말로 활용된다. 이 말은 의사소통이 되지 않는 정치
권을 풍자하는 말이다. 그러나 최근에는 사오정이라는 말이 특
수한 상황을 넘어 사회 전체를 수식할 수 있는 말이 된 듯하다.
이미지와 영상 매체에 익숙해지고 코로나19를 겪으며 청해력
이 떨어진 아이들이 많아졌다. 말을 이해하지 못하는 아이들이
늘어난 사오정 사회가 현대의 모습이다.

디지털 카메라는 필름 카메라가 제공하지 못한 즉각적인 이미지 변환 기술을 제공하며 이미지 과잉 시대를 열었다. 필름으로 사진을 찍을 때는 무턱대고 셔터를 누를 수가 없었지만 디지털 카메라가 등장한 뒤에는 언제 어디서나 무엇이든지 셔터를 눌러 즉각적으로 이미지로 바꿀 수 있게 되었다. 여기까지만 해도 이미지를 마음먹은 대로 사용할 수 있게 되었다는 점에서 큰 혁신이었다. 컴퓨터로 파일을 옮기는 과정이 필요하기는 했지만 이미지를 무한히 복사해서 널리 유통할 수는 복제 시대가 열렸기 때문이다.

스마트폰이 등장한 이후에는 스마트폰으로 사진을 찍어 SNS에 바로 업로드하기도 하고 온라인 공동체에 이미지를 즉시 공유하기도 한다. 이미지뿐 아니라 동영상을 공유하는 플랫폼을 통하여 영상 자료도 무한히 공유한다. 이 이미지와 영상이 아이들의 놀이 대상이고 학습 대상이다. 과거에는 궁금한 것을 찾아보려면 포털에서 글로 된 문서를 검색하였지만 지금은 동영상 공유 포털에서 영상을 검색한다. 문자보다는 이미지와 영상을 더 선호하는 시대가 되었다. 이러한 시대의 변화는 스마트폰에 연유한 것이다. 그러다 보니 현대 인류를 스마트폰 없이는 살 수 없는 인간이라는 뜻의 신조어 '호모 포니아'나

'호모 스마트쿠스'라고 부르기도 한다.

문제는 인류 문명 발전과 인류 문화를 유지·계승해 온 것이 문자 기록이라는 점이다. 아주 먼 과거, 문자가 없던 시대에는 오히려 그림으로 기록을 남겼다. 발견된 그림 중 가장 오래된 것은 약 50,000년 전 그려졌다고 알려진 보르네오섬에서 발견된 벽화이다. 유명한 알타미라 동굴 벽화는 약 18,000년 전의 그림이다. 문자로 기록을 남기기 시작한 것은 약 5,000년 전, 문명의 발상지로 알려진 수메르 문명의 쐐기문자나 이집트 문명의 상형문자부터다.

문자를 사용하기 시작한 뒤 인류는 더 추상적이고 개념적인 사고를 할 수 있게 되었다. 현대 문명은 문자의 발명 이후부터 빠르게 발전했다. 그런데 현대인들은 문자에서 다시 그림으로 돌아가고, 추상화와 개념화보다 구체화와 개별화의 방향으로 사고를 돌리고 있다.

사진이나 동영상은 깊이 생각할 틈을 주지 않는다. 사진은 맥락적 사고를 반영하기 어렵다. 동영상 역시 상황을 깊이 이해하기 전에 다음 장면이 이어져 깊이 사고할 틈이 없다.

이미지와 영상 등이 아이들의 청해력과 문해력 발달에 부정적인 영향을 주지만 시대의 변화를 거부할 수는 없다. 그래서 학교에서는 아이들이 이미지와 영상을 잘 이해하고 활용할 수 있도록 지도하려고 한다. 2022 개정 교육과정에 의하면 국어과 교육과정에서 시대의 변화를 반영하여 '디지털·미디어 역량'을 길러 주려고 한다. 디지털 다매체 시대로 변화한 언어 환경을 고려하여 새로운 영역을 만든 것이다.

초등학교 1~2학년 교육과정에는 "일상의 다양한 매체와 매체 자료에 흥미와 관심을 가진다, 일상의 경험과 생각을 글과 그림으로 표현한다."와 같은 성취기준이 설정되어 있다. 학생들은 책, 텔레비전, 스마트폰, 컴퓨터, 태블릿, 인터넷 등 매체를 통하여 그림, 만화, 뉴스, 광고, 웹툰, 애니메이션, 영화 등의 매체 자료를 이해하고 활용하는 학습을 하게 된다. 3~4학년 교육과정에는 "인터넷에서 학습에 필요한 다양한 자료를 탐색하고 목적에 맞게 자료를 선택한다. 매체를 활용하여 간단한 발표 자료를 만든다." 등의 성취기준이 설정되어 있고, 5~6학년에는 "뉴스 및 각종 정보 매체 자료의 신뢰성을 평가한다, 적합한 양식과 수용자의 반응을 고려하여 복합양식 매체 자료를 제작하고 공유한다."와 같은 성취기준이 설정되어 있다. 고등학교 단계에서는 선택 과목으로 '매체 의사소통'이라는 과목이 신설되었다.

청해력이라는 관점에서 보면 듣고 이해하는 능력은 점점 떨어질 가능성이 크다. 매체가 다양해질수록 말하기·듣기 영역이 차지하는 비중이 줄어들고 영상과 이미지를 활용한 보여주기와 보기가 늘어나기 때문이다. 하지만 의사소통은 말하기와 듣기가 기본이 된다는 점에서 듣기·말하기 능력을 향상시키는 데 관심을 가져야 한다.

코로나 팬데믹 시대의 아이들

코로나19 때문에 간헐적으로 등교한 2년 이상의 시간은 아이들의 듣기·말하기 능력에 부정적인 영향을 미쳤다. 활발하게 의사소통을 해야 할 시기의 아이들이 외부와 단절되어 지내다 보니 다른 이의 의견을 들을 기회가 없어 듣기 훈련을 하지 못했다. 또 수업이 온라인으로 이루어지니 교실에서 서로 소통하는 상황과 달랐다는 점도 문제였다. 화상 수업에 얼굴을 내밀고 있기는 하지만 듣는 둥 마는 둥 해도 선생님이 지적하고 바로잡아 주지 못했기 때문에 청해력 신장에 문제가 생겼다고도 한다.

듣기는 경청이 기본이다. 귀를 기울여 들어야 뇌에서 정보처리가 되어 의미를 파악하고 반응할 수 있다. 경청하는 능력의 부족은 부모가 아이에게 이야기할 때 아이가 딴청을 부리거나 다른 곳을 바라보면서 이야기를 잘 듣지 않는 상황에서 감지된다. 이런 상황이 교실까지 이어지면 아이의 학습에 문제가 생긴다.

교실에서는 선생님이 듣는 태도가 바르지 않은 학생을 바로 지도한다. 그러는 사이 아이들은 선생님과 눈을 마주치며 듣는 태도를 기르게 된다. 이렇게 경청하는 습관을 기르지 않았다면 아이는 집중하지 못하고 시간을 보내게 된다. 이를 해결하려면 학교에서는 선생님이, 집에서는 부모가 관심을 갖고 지도하고 훈련시켜야 한다.

학습과 관계의 기본이 되는 청해력

청해력은 의사소통의 기본 능력이며 학습에서 가장 중요한 도구이다. 일상의 대화에서 상대의 이야기를 잘 듣지 않으면 혼자 다른 이야기를 하게 된다. 또한 학창 시절의 학습은 선생님의 설명을 듣고 개념과 원리를 깨우치는 데서 시작한다. 선생님은 "필기하지 말고 우선 잘 듣고 이해하세요. 쓸 시간은 따로 줄게요."와 같은 지도의 말로 잘 들을 것을 요구한다. 학습은 듣고 이해하는 활동이 기본이기 때문이다.

학생 스스로 이미 알고 있는 개념을 끌어내고 자신의 학습 활동을 모니터링하는 메타인지 학습법은 새로운 지식을 세우는 데 유용한 학습법이다. 하지만 이것만으로는 일반화에 도움이 되는 기본적인 개념을 충분히 이해할 수 없다. 스스로 탐구하기 이전에 학생은 개념과 원리를 깨우쳐야 한다. 개념과 원리를 독학으로 깨우칠 수는 있지만 상당히 어렵다. 개념과 원리에 대한 선생님의 설명을 듣는 시간을 가진다면 학습 시간을 절약할 수 있고 공부 효과도 높게 나온다.

그래서 교사는 중요 개념을 설명하면서 학생이 오개념을 수정하고 새로운 개념을 받아들일 수 있도록 한다. 학생이 이 시간에 교사의 설명을 이해하지 못한다면 학습 효과는 낮을 수밖에 없다.

듣기는 의사소통에 중요한 역할을 할 뿐 아니라 인간관계에도 영향을 미친다. 내 말을 잘 들어주지 않는 사람과는 좋은 관계를 유지할 수 없다. "너는 태도가 그게 뭐냐?"고 할 때 '태도'란 주로 말을 듣는 태도를 가리킨다. 친구가 말을 할 때 딴청을 피우면 좋은 관계가 유지될 수 없다. 상대의 이야기를 잘 들어주기만 해도 좋은 친구가 된다. 부부 사이에도 상대의 이야기를 잘 들어주지 않으면 부부싸움으로 번지기 일쑤다.

대부분의 인간관계에서 상대방의 이야기를 경청하고 상대를 존중하면 좋은 인상을 남기게 된다. 그래서 듣는 태도가 면접에 큰 영향을 준다. 학교나 기업은 면접을 통해 조직에 도움이 되는 사람을 뽑고자 한다. 조직이 잘 굴러가려면 소통이 되어야 하고 인화가 이루어져야 한다. 소통과 인화의 바탕에는 '잘 듣기'가 있다.

2장

학교에서 다루는 청해력

초·중학교 듣기 교육

2022 개정 교육과정의 국어과 교육과정에서는 국어과 하위 영역을 '듣기·말하기, 읽기, 쓰기, 문법, 문학, 매체'의 여섯 영역으로 나누었다. 2015 개정 교육과정까지는 '듣기·말하기, 읽기, 쓰기, 문법, 문학'의 다섯 영역이었는데 매체 영역을 별도로 설정하였다.

듣기와 말하기는 하나다

초등학교 1학년부터 중학교 3학년까지의 듣기 관련 내용 체계에서는 듣기와 말하기를 묶어서 제시한다. 읽기나 쓰기가 별도의 내용 체계로 제시한 것과 대조된다. 학교 교육에서 듣기 능력을 소홀히 다루기 때문에 '듣기'가 별도 영역으로 설정되지 않았다고 보기는 어렵다. 단지 다른 영역에 비하여 듣기와 말하기가 연계성이 더 강하기 때문으로 보아야 한다.

읽기와 쓰기는 독립성이 크다. 읽기는 혼자서도 할 수 있는 활동으로 독서 활동 자체로 완결성이 있다. 쓰기도 혼자서 하는 활동이다. 혼자 일기를 쓰고 아무도 읽지 못하게 덮어 두어도 쓰기는 쓰기이다.

그런데 말하기는 듣는 사람을 전제로 하고 듣기는 말하는 사람의 발화를 전제로 한다. 그러다 보니 듣기·말하기에 대한 성취기준도 "상황에 어울리는 인사말을 주고받는다, 일이 일어난 순서를 고려하여 듣고 말한다."와 같이 말을 주고받거나 듣고 말하는 활동을 하는 것으로 설정되어 있다.

듣기·말하기의 핵심

2022 개정 교육과정의 국어과 교육과정에서는 듣기·말하기의 핵심 아이디어를 다음과 같이 제시하였다.

- 듣기·말하기는 언어, 준언어, 비언어, 매체 등을 활용하여 서로의 생각과 감정을 주고받는 행위이다.
- 화자와 청자는 상황 맥락 및 사회·문화적 맥락 속에서 의사소통 목적을 달성하기 위하여 다양한 유형의 담화를 듣고 말한다.
- 화자와 청자는 의사소통 과정에 협력적으로 참여하고 듣기·말하기 과정에서의 문제를 해결하기 위해 적절한 전략을 사용하여 듣고 말한다.
- 화자와 청자는 듣기·말하기에 흥미를 가지고 적극적으로 참여하면서 담화 공동체 구성원으로 성장하고, 상호 존중하고 공감하는 소통 문화를 만들어 간다.

핵심 아이디어는 대체로 설명이 더 필요하지 않은 말로 되어 있다. 준언어, 비언어가 듣기 요소라는 점만 새롭게 들릴 것이다. 듣기·말하기에는 언어뿐 아니라 준언어, 비언어, 매체 등도 포함된다. 준언어적 표현과 비언어적 표현 및 매체 특성을 고려한 청해력을 길러야 한다.

준언어와 비언어

준언어적 표현은 억양, 어조, 목소리의 크기, 말의 빠르기 등을 말한다. 제대로 듣기 위해서는 준언어적 표현이 포함된 의미를 잘 파악할 수 있어야 한다. 준언어적 표현에는 말하는 이의 감정뿐 아니라 말하는 상황도 포함되어 있다. '나, 집에 갈게.'를 낮고 느린 어조의 말로 들었을 때와 크고 높고 빠른 어조 말로 들었을 때는 다른 상황이라는 것을 알아야 한다는 것이 핵심이라는 뜻이다. '낮고 느린 어조의 말은 헤어지기 싫은 연인 사이에서 한 말이구나, 크고 높고 빠른 어조의 말은 분노가 포함되어 있어 간다고 선언하는 말이구나.'를 파악하면서 들어야 한다.

비언어적 표현은 음성이 아닌 표현을 말한다. 몸짓과 표정 등이 이에 해당한다. 마임으로도 연극 한 편을 공연할 수 있으니 비언어적 표현이 의사소통을 풍부하게 한다는 말을 수긍할 수 있다. 길을 물었더니 상대방이 말없이 손가락으로 방향을 가리키면 비언어적으로 의사 표현을 한 것이고, 그 표현의 의미를 파악했다면 비언어적 의사 표현을 들은 것이다. 그런데 상대방이 손가락으로 가리킨 방향이 아닌 다른 곳을 보고 있었다면 어떻게 해석해야 할까?

손짓이나 눈길뿐 아니라 표정도 비언어적 표현에 해당한다. 사람은 눈과 이마, 눈썹과 코, 입과 입술, 턱과 뺨 등 얼굴에 있는 근육을 움직여 다양한 조합으로 표정을 짓기 때문에 수많은 종류의 표정을 지을 수 있다. 사람이 지을 수 있는 표정은 300여 가지라고 하기도 하고 많게는 10,000가지라고 주장하기도 한다. 갓 태어난 아이도 울고 웃는 표정을 짓는 것을 보면 이런 표정은 선천적인 요인이 있는 것으로 보인다. 사람이 짓는 대표적인 표정은 기쁨, 슬픔, 경멸, 두려움, 놀람, 분노, 혐오 등이다. 그런데 놀람과 두려움 같은 표정은 구분이 잘 안 된다. 그래서 표정에 대한 학습이 필요하다.

다양한 표정을 지어서 보여 주고 어떤 표정인지를 말해 보도록 하는 놀이(활동)를 하면서 비언어적 표현을 익히는 기회를 갖는 것도 좋다. 초등학교 3학년 2학기 국어 교과서에는 평소 자신의 마음을 어떤 표정, 몸짓, 말투로 표현하는지 떠올려 보는 활동, 인물의 표정과 몸짓을 보고 어떤 이야기일지 짐작하는 활동 등을 하는 단원이 있다.

국어과 교육과정의 듣기·말하기 내용 체계

범주		내용 요소			
		초등학교			중학교
		1~2학년	3~4학년	5~6학년	1~3학년
지식·이해	듣기·말하기 맥락	• 상황 맥락		• 상황 맥락 • 사회·문화적 맥락	
	담화 유형	• 대화 • 발표	• 대화 • 발표 • 토의	• 대화　• 토의 • 면담　• 토론 • 발표	• 대화　• 연설 • 면담　• 토의 • 발표　• 토론
과정·기능	내용 확인·추론·평가	• 집중하기 • 중요한 내용 확인하기 • 일이 일어난 순서 파악하기	• 중요한 내용과 주제 파악하기 • 내용 요약하기 • 원인과 결과 파악하기 • 내용 예측하기	• 생략된 내용 추론하기 • 주장, 이유, 근거가 타당한지 평가하기	• 의도와 관점 추론하기 • 논증이 타당한지 평가하기 • 설득 전략 평가하기
	내용 생성·조직·표현과 전달	• 경험과 배경지식 활용하기 • 일이 일어난 순서에 따라 조직하기 • 바르고 고운 말로 표현하기 • 바른 자세로 말하기	• 목적과 주제 고려하기 • 자료 정리하기 • 원인과 결과 구조에 따라 조직하기 • 주제에 적절한 의견과 이유 제시하기 • 준언어·비언어적 표현 활용하기	• 청자와 매체 고려하기 • 자료 선별하기 • 핵심 정보 중심으로 내용 구성하기 • 주장, 이유, 근거로 내용 구성하기 • 매체 활용하여 전달하기	• 담화 공동체 고려하기 • 자료 재구성하기 • 체계적으로 내용 구성하기 • 반론 고려하여 논증 구성하기 • 상호 존중하며 표현하기 • 말하기 불안에 대처하기
	상호 작용	• 말차례 지키기 • 감정 나누기	• 상황과 상대의 입장 이해하기 • 예의를 지키며 듣고 말하기 • 의견 교환하기	• 궁금한 내용 질문하기 • 절차와 규칙 준수하기 • 협력적으로 참여하기 • 의견 비교하기 및 조정하기	• 목적과 상대에 맞는 질문하기 • 듣기·말하기 방식의 다양성 고려하기 • 경청과 공감적 반응하기 • 대안 탐색하기 • 갈등 조정하기
	점검과 조정		• 듣기·말하기 과정과 전략에 대해 점검·조정하기		
가치·태도		• 듣기·말하기에 대한 흥미	• 듣기·말하기 효능감	• 듣기·말하기에 적극적 참여	• 듣기·말하기에 대한 성찰 • 공감적 소통 문화 형성

〈표〉 국어과 교육과정 〈국어〉 듣기·말하기 내용 체계

국어과 교육과정의 내용 체계를 보면 듣기와 말하기를 묶어서 제시하고, 듣기만 별도로 다루고 있지는 않음을 알 수 있다. 듣기는 독립된 언어 소통 활동이라기보다 연계되어 있는 의사소통 활동이기 때문이다.

학교에서는 다양한 듣기 상황을 겪기 때문에 별도의 듣기 교육을 하고 있지 않은 것처럼 보인다. 교실에서는 선생님 또는 발표자가 말을 하고 그 외의 학생들은 듣는다. 이 교실 상황이 말하기와 듣기 훈련을 겸한 학습의 장이 된다. 대화, 면담, 발표, 연설, 토의, 토론 등 말하기 유형에 따라 자세를 달리해서 듣는 훈련을 해야 한다. 만약 각 학년별로 주안점을 둔 듣기 상황에서 학생이 듣기를 잘하지 못한다면 원인을 찾아서 교정해야 한다.

학년군별 듣기 교육의 핵심 내용

듣기·말하기 부분에서 학생이 직접 익히는 것은 과정 기능에 포함된 내용들이다. 특히 '내용 확인·추론·평가'가 학생이 알아야 할 것들이다.

다음 표에 학생이 각 학년군에서 배우는 듣기 관련 내용이 제시되어 있다.

범주	초등학교			중학교
	1~2학년	3~4학년	5~6학년	1~3학년
내용 확인 · 추론 · 평가	• 집중하기 • 중요한 내용 확인하기 • 일이 일어난 순서 파악하기	• 중요한 내용과 주제 파악하기 • 내용 요약하기 • 원인과 결과 파악하기 • 내용 예측하기	• 생략된 내용 추론하기 • 주장, 이유, 근거가 타당한지 평가하기	• 의도와 관점 추론하기 • 논증이 타당한지 평가하기 • 설득 전략 평가하기

　1~2학년에서는 집중해서 듣기, 중요 내용 확인하기, 일의 순서 파악하기를 한다. 초등학교 수업은 1학년도 40분이다. 학교생활의 기본은 40분을 집중하여 듣는 데서 출발한다. 물론 1학년 학생이 40분을 고정된 자세로 앉아서 듣고만 있기는 힘들다. 그래서 선생님은 중간에 활동도 하고 질문에 대답을 하게 하여 학생들이 집중하도록 해야 한다. 핵심은 '집중하여 듣기'에 있다.

　다음은 '중요한 내용 확인하기'이다. 이 부분 학습에서는 긴 말을 듣고 중요한 내용이 무엇인지를 아는 능력을 기르는 활동을 한다. 이 활동은 다음 담화의 내용으로 적절한 것은 무엇인지를 묻는 말에 대한 대답으로, 학습하는 과정 내내 훈련하게 된다. 이른바 사실적 듣기에 해당하는 학습이다.

　그리고 시간의 순서가 뒤섞인 이야기에서 시간의 순서를 알아내는 학습을 한다. 과거의 아이들은 놀이터에서 엄마가 부를 때까지 놀았는데 지금은 서로 몇 시까지 놀 수 있는지 확인하고 논다는 말이 있다. 우스갯소리지만 그만큼 요즘 아이들은 시간에 매여 있다는 뜻이다. 그런 면에서는 요즘 아이들이 이야기의 시간 순서 파악에 더 능숙할 수도 있다. 이후 3~4학년에서 '원인과 결과 파악하기'를 학습하기 위해서는 일이 일어난 순서대로 파악할 수 있는 능력을 확인할 필요가 있다.

3~4학년에서는 중요 내용과 주제를 파악하고, 내용을 요약하고, 인과 관계를 파악하고, 들을 내용을 예측한다.

사실적 듣기는 언제나 기본이 된다. 3학년부터는 매 학기 교과서에 독서 단원이 있는데, 여기서도 읽은 글의 내용 파악, 중심 생각 찾기와 같은 활동을 한다. 초등학교 시절에는 유창하게 읽는 능력도 길러야 하므로 소리내어 책 읽기를 많이 시킨다. 이런 단원에서는 다른 학생이 낭독을 할 때 잘 듣고 내용을 파악하여 중심 생각을 찾는 훈련을 할 수 있다. 이런 듣기 상황을 이용하여 주요 내용을 파악하고 주제도 파악하는 훈련을 해야 한다. 또 부모가 책을 읽어 주면 아이가 듣고 중요한 내용을 찾는 훈련, 주제를 파악하는 훈련을 통해 청해력을 향상시킬수 있다.

3~4학년에서는 인과 관계를 파악하는 성취기준이 있다. 시간 순서에 따른 선후 관계와 인과 관계는 다르다는 것을 익히

는 성취기준이다. 학교에 가서 수업을 듣고 급식을 먹었다는 말을 들었다면, 학교에 간 것과 수업을 들은 것은 순서대로 일어난 일이지만 급식을 먹게 된 원인은 아니라는 점을 알게 하는 학습을 한다.

예측하고 듣기는 독서 단원에서 내용 예상하고 읽기와 같은 방식으로 들을 것을 강조하는 내용이다. 말을 들으면서 이어질 말을 예측하고 들으면 듣는 말과 자신의 생각을 비교하면서 효과적으로 들을 수 있다. 들리는 말의 내용이 자신의 생각과 같다면 스스로 대견함을 느끼게 되어 학습 효과가 높아진다. 예측한 것과 다른 내용을 들었다면 생각을 비교해서 조정하는 과정을 겪는 사이에 깊은 학습이 이루어질 수 있다.

5~6학년에서는 생략된 내용을 추론하고, 주장·이유·근거의 타당성을 평가한다.

5~6학년이 되면 고급 청해력을 가진 상태가 된다. 말하는 이가 생략한 말을 추론하는 활동은 원활한 의사소통을 위하여 꼭 필요하다. 인터뷰 영상을 보면 말하는 이의 인터뷰 내용을 시청자가 잘 이해할 수 있도록 괄호 안에 생략된 말을 써 준다. 그러나 영상물이 아닌 담화 상황에서는 듣는 이가 추론을 통해 생략된 내용을 보완할 수밖에 없다.

주장·이유·근거의 타당성을 평가하는 활동은 독서 단원에서의 비판적 읽기와 같은 활동이다. 말을 듣고 주장이 타당한지, 이유나 근거가 적절한지를 파악하는 활동은 비판적 읽기 활동보다 훨씬 어렵다. 독서는 미심쩍은 부분을 다시 찾아보면 되지만 듣기 활동은 잘 듣지 않는다면 내용을 놓쳐 주장·이유·근거의 타당성을 평가할 수 없다. 그러기 위해 꼭 필요한 것이 경청 연습이다.

중학교 1~3학년에서는 의도와 관점을 추론하고 논증이 타당한지 평가하고 설득 전략을 평가한다.

중학교 과정에서는 대화, 면담, 발표, 연설, 토의, 토론의 담화 유형에서 듣기·말하기 학습을 한다. 초등학교 5~6학년에 비해서 연설이 더 포함된 것 이외에는 대동소이하다. 중학교에서는 초등학교 5~6학년 때와 유사한 듣기 활동을 하지만 좀 더 어려운 활동으로 이어진다. 초등학교 5~6학년에서는 생략된 내용을 추론하는 단계였는데 중학교에서는 말하는 이의 의도나 관점을 추론하는 활동으로 발전한다. '왜 저런 말을 하는 거지?'라는 질문에 답을 구하는 활동 등을 하는 것이다.

초등학교 5~6학년 때 '주장·이유·근거의 타당성을 평가'하는 활동은 논증이 타당한지 평가하는 활동으로 발전한다. 그리고 초등학교 때에는 없었던 '설득 전략 평가하기'가 들어 있다.
이는 연설을 소재로 한 학습에 필요한 활동이다.

학년군별 성취기준

학년군별 성취기준에는 듣기 관련 내용이 있다. 성취기준은 교육과정 문서에서 쓰는 용어로 교과서에서는 학습 목표로 제시된다.

초등학교 1~2학년
⋮◎ 성취기준

[2국01-03] 상대의 말을 집중하여 듣고 말차례를 지키며 대화한다.

[2국01-03] 이 성취기준은 구어 의사소통의 상호 교섭성을 인식하는 출발점으로, 대화 상황에서 상대의 말에 집중하여 그 내용을 이해하고 순서를 교대하며 구어 의사소통에 참여하는 기본 능력을 기르기 위해 설정하였다. 상대의 말을 집중하여 듣기, 다음 말할 사람을 선택하여 다음 말할 사람을 선택하여 부르거나, 고갯짓, 시선, 억양 등의 말차례 교환 신호를 활용하여 다음 사람이 말차례를 알아차릴 수 있도록 하기, 말차례 교환 신호를 확인하여 자신의 말차례 지키기 등을 학습한다.

초등학교 1~2학년 성취기준 중에서 듣기 관련 내용은 '상대의 말에 집중하여 내용을 이해하기'이다. 이를 기본으로 하여 말하는 차례에 관한 학습을 하는 것이다. 일단은 상대의 말에 집중하는 태도를 기르는 과정부터 시작한다.

초등학생이 집중할 수 있는 시간은 매우 짧다. 초등학교에 입학하면 우선 해야 할 것이 40분을 의자에 앉아서 가만히 있을 수 있는 참을성을 기르는 일이다. 무엇을 하는가보다 더 중요하게 여겨야 할 것은 자리에 앉아 있을 수 있는 힘이다. 그 다음이 선생님의 말씀에 경청하는 일이다. 이 단계가 '상대의 말에 집중하여 내용을 이해하기'에 해당한다. 상대의 말에 집중하여야 하는 상황에는 선생님의 설명을 잘 듣고 이해하기, 지시사항을 잘 듣고 이행하기, 전달사항을 잘 듣고 집에 와서 전하기 등이 있다. 상대방의 말을 잘 듣고 내용을 이해하는 일은 사회적 관계를 형성하는 데 중요한 바탕이다.

이 단계에서 아이가 잘 듣고 이해하고 있는지를 점검하는 것은 학교만의 일은 아니다. 가정에서도 친구 관계의 대화가 잘 이루어지고 있는지, 학교 전달사항을 잘 듣고 오는지, 수업 시간에 집중하는지를 점검할 필요가 있다.

⊙ 학습활동

2학년 국어 교과서에는 《신기한 독》이라는 동화가 듣기 자료로 제시되어 있다. 수업 중에 실제로 듣기 활동을 하고 학습활동 문제를 풀어 본다.

---

1. 어떤 일이 일어났는지 생각하며 《신기한 독》을 들어 봅시다.

2. 《신기한 독》을 다시 듣고 물음에 답해 봅시다.
(1) 농사꾼이 괭이를 신기한 독에 넣자 어떤 일이 벌어졌나요?
(2) 원님이 신기한 독을 바치라고 한 까닭은 무엇인가요?

첫 번째 문항은 이야기를 사실적으로 들으라는 주문이다. 읽기 상황에서 읽은 내용이 무엇인지 아는 것을 사실적 사고라고 한다. 듣기 역시 사실적 사고가 기본이다.

그리고 이야기를 다시 한번 들려준다. 듣는 과정에서 어디에 초점을 맞춰야 할지 학습하도록 질문을 읽은 다음 한 번 더 들려주는 것이다.

이야기를 다시 들은 후 이어지는 질문은 이야기의 내용을 그대로 확인하는 질문이다. 2번 활동에서는 '농사꾼이 괭이를 신기한 독에 넣자 어떤 일이 벌어졌나요?', '원님이 신기한 독을 바치라고 한 까닭은 무엇인가요?'와 같은 질문을 보게 된다. 즉, 말을 듣고 말의 내용을 사실 그대로 이해하는 것이 1~2학년의 학습 목표이다. 1~2학년 듣기 수업에서는 이처럼 사실적 사고를 기르는 학습이 계속 이어진다.

수업에서는 동화를 다시 들려주고 질문을 하지만 일상에서는 한 번 듣고 내용을 파악해야 하므로 일상생활의 듣기 활동이 교실에서 진행하는 듣기 활동보다 더 차원이 높다. 아이의 청해력 향상을 위해 초등학교 저학년 때는 부모가 동화를 읽어주도록 권장한다. 매일 동화를 듣고 내용이 무엇인지를 다른 사람에게 전달할 수 있다면 성취기준에 도달했다고 할 수 있다.

옛날에 의좋은 남매가 있었어. 남매는 할머니와 함께 살고 있었어. 할머니는 쌀을 마련하려고 약초를 가지고 장에 갔어. 장에서 약초를 팔아 쌀을 사고, 손주들에게 주려고 떡도 세 개 샀어. 그런데 고개를 넘어오는 길에 호랑이가 나타났어. 호랑이는 "떡 하나 주면 안 잡아먹지."라고 하면서 할머니를 위협했어. 할머니는 호랑이한테 떡을 하나 주고 얼른 고개를 넘었어. 그런데 다음 고개에서 또 호랑이가 나타났어. 호랑이는 또 "떡 하나 주면 안 잡아먹지."라고 하면서 할머니를 위협했어. 할머니는 또 떡을 하나 주고 얼른 고개를 넘었어. 마지막 고개에서 또 호랑이가 나타났어. 호랑이는 또 "떡 하나 주면 안 잡아먹지."라고 하며 할머니를 위협했어. 할머니는 마지막 떡을 주고 얼른 고개를 넘었어. 이제는 쌀만 좀 남았지만 그래도 그 쌀을 가지고 가려면 떡을 줘서라도 목숨은 건져야 했지. 그런데 집 앞에 다다르자 호랑이가 또 나타났어. 호랑이는 또 "떡 하나 주면 안 잡아먹지."라고 하면서 할머니를 위협했어. 그런데 할머니는 이제 떡이 없거든. 그래서 "떡이 없으니 쌀이라도 가져가렴."이라고 호랑이에게 말했지. 호랑이는 "떡을 안 주니 너를 잡아먹겠다."라고 하면서 할머니를 해쳤어.

호랑이는 남매가 있는 집으로 왔어. 집에 와서 방문 앞에서 "할머니 왔다. 문 열어다오."라고 말했어. 남매는 "할머니 목소리와 다른데?" 하면서 문틈으로 손을 보여달라고 했어. 남매가 보니까 손이 호랑이 발인거야. 남매는 하느님께 기도를 했어.

"우리를 사랑하신다면 성한 동아줄을 내려주시고 우리를 미워하시면 썩은 동아줄을 내려 주세요."

남매가 기도하자 하늘에서 동아줄이 내려왔는데 성한 동아줄이었어. 남매는 하늘로 올라가서 목숨을 구했지. 남매가 평소 착했기 때문이야.

호랑이도 남매가 하늘로 올라가는 것을 보고 기도를 했어.

"호랑이를 사랑하신다면 성한 동아줄을 내려주시고 호랑이를 미워하시면 썩은 동아줄을 내려 주세요."

호랑이에게도 동아줄이 하나 내려왔어. 호랑이는 너무 기뻐 동아줄을 잡고 하늘로 올라갔어. 그런데 그 동아줄은 썩은 동아줄이었어. 호랑이가 하늘로 올라가는 중에 동아줄이 끊겨져 호랑이는 옥수수밭에 떨어졌어. 호랑이는 옥수수대에 똥구멍이 뚫려서 그 자리에서 죽었단다.

내용을 이해했는지 확인하는 질문은 가볍게 하면 된다.

1. 줄거리를 간단히 이야기해 볼래?
2. 할머니가 호랑이에게 준 떡은 모두 몇 개였지?
3. 남매가 마지막으로 한 행동은 무엇이었지?

이렇게 이야기를 듣고 사실을 확인하는 중에도 유별난 생각을 하는 아이가 있다. 창의적으로 해석했다고 생각할 수 있지만 내용을 사실대로 이해하지 못한 것일 수도 있다.

> Q. 줄거리를 간단히 이야기해 볼래?
> A. 호랑이가 할머니한테 떡을 달라고 하는데 빨리 119에 신고해서 호랑이를 잡아달래지 않고 자꾸만 떡을 주니까 호랑이가 버릇이 나빠져서 할머니를 해쳤잖아. 핸드폰이 안 터졌나?

아이는 사실적으로 요약하라는 주문에 아이들은 자기 생각을 섞어서 다른 이야기를 하고 있다. 아이들은 이야기에서 말하고자 하는 주제에서 벗어나 다른 기준으로 이야기를 해석하기도 한다. 창의적이기는 하지만 사실적으로 듣는 능력을 키우기 위해서는 이러한 답변은 지양하도록 해야 한다.

또 다른 이야기가 있다.

엄마가 아이에게 말했다.

"동물은 암컷과 수컷 중 수컷이 더 아름답고 덩치도 크단다. 수컷이 자기를 돋보이게 해서 암컷에게 잘 보이려고 하는 거야. 사자도

숫사자가 더 우람하고 멋지지? 꿩도 장끼는 색깔이 아름다운데 까투리는 단조롭지?"

아이가 말했다.

"못생긴 암컷이 자손을 잘 낳으니까 암컷은 점점 못생긴 채로 남아 있는 거구나."

이렇게 아이는 들은 말을 다른 기준으로 해석하기도 한다. 그런데 창의적인 해석이 오개념으로 남게 되는 경우를 조심해야 한다. 창의적인 발상을 하는 것은 권장하지만 들은 내용을 사실에 바탕을 두지 않고 다르게 해석하는 일을 교정하지 않으면 제대로 학습할 수가 없다. 아이가 들은 내용을 바람직하게 파악했는지, 창의적으로 파악했다면 가치 있는 창의적 판단인지 아니면 제대로 파악하지 못하고 엉뚱한 소리를 하고 있는지는 어른의 시각에서 제대로 판단하고 지도해야 한다.

예컨대 "지구는 둥글고 그 둥근 지구에 사람들이 살고 있는데 사람들이 살고 있는 땅은 평지처럼 보인다."는 말을 아이가 듣고 "지구는 둥근데 거기 쟁반같은 평지가 있고 그 평지 위에서 사람들이 살고 있는 거구나."라고 한다면 '창의성을 발휘해서 지식을 만들었지만 엉뚱한 생각을 하고 있네.' 정도로 머물

러서는 안 되고, 정확한 사실을 알 수 있도록 지도해야 한다.

또 아이에게 사실적 내용을 물었을 때 묻는 말에 대답하지 않는다면 다시 물어야 한다. 대답하지 않았는데도 다시 묻지 않고 넘어가면 묻는 말에 답하지 않아도 된다는 잘못된 생각이 머릿속에 자리 잡을 수 있다.

초등학교 3~4학년

3~4학년의 성취기준은 다음과 같다.

[4국01-01] 중요한 내용과 주제를 파악하며 듣고 그 내용을 요약한다.

[4국01-02] 원인과 결과의 관계를 고려하여 내용을 예측하며 듣고 말한다.

[4국01-03] 상황에 적절한 준언어·비언어적 표현을 활용하여 듣고 말한다.

성취기준

[4국01-01] 중요한 내용과 주제를 파악하며 듣고 그 내용을 요약한다.

우선 중요한 내용과 주제를 파악하면서 듣기 훈련을 해야 한다. 4학년이 되면 독서에서도 중요한 내용과 주제를 파악하면서 읽기를 지도한다. 듣기도 마찬가지이다. 특히 학교 수업은 모든 과목이 듣기와 말하기를 바탕으로 전개된다. 학생은 수업에서 선생님의 설명이나 친구들의 의견 발표를 듣고 중요한 내용과 주제를 파악한다. 그리고 자신의 생각과 비교해 가면서 지식을 형성한다. 그러므로 중요한 내용을 잘 파악하고 주제를 잘 파악하는 학생이 공부를 잘한다.

중요한 내용을 파악하지 못하는 학생은 같은 수업 동안 무엇을 했을까? 아이들은 수업 중 딴생각을 하거나 짝에게 궁금한 것을 묻는 사이 중요한 내용을 놓치는 경우가 많다. 수업 중 내용을 파악하는 듣기 훈련을 할 때에는 짧은 시간동안 집중해서 듣고 중요한 내용과 주제를 파악하는 활동을 하므로 대부분 집중해서 잘 듣는다. 그러나 수업이 오래 지속되는 상황에서 아이는 선생님이나 발표자 등 말하는 이를 바라보지 않고 딴생각을 하게 된다.

듣기는 했는데 예로 든 일화나 특이한 억양, 재미있는 표정만 관심을 두어 중요한 내용이나 주제를 파악하지 못하는 경우도 있다. 혹은 들을 때는 내용과 주제를 파악했지만 시간이 지나면서 억양과 표정만 기억에 남아 있고 내용과 주제는 기억에서 사라지는 경우도 많다. 듣기 활동은 들은 뒤에 이야기 내용을 내가 활용할 수 있는 지식으로 남겨야 한다. 중요한 내용과 주제는 복습을 통해 장기기억에 보관해야 한다.

학습뿐 아니라 친구들과의 일상생활에서도 담화의 내용과 주제를 잘 파악해야 한다. 이야기의 주제를 파악하는 일은 인간관계 유지와 관계가 깊다. 친구의 말도 이야기의 주제를 파악하면서 들어야 그에 맞는 호응을 할 수 있고 그래야 인간관계를 잘 유지할 수 있다. 친구의 이야기 주제와 무관한 엉뚱한 소리를 하면 사이가 멀어지게 된다.

ㆍ◉ 학습활동

다음 이야기를 듣고 주제를 말해 보자.

이집트는 나일강을 따라 도시가 발달했어요. 나일강이 정기적으로 범람하였기 때문에 상류 지역에서 내려온 기름진 흙이 쌓여 농사가 잘 되었거든요. 사람이 모여 살게 되다보니 강을 따라 40여 개의 도시 국가가 만들어졌는데, 기원전 3000년경 통일 왕국이 되었어요. 이집트가 통일 왕국이 된 것이 지금으로부터 5,000년 전이니까 우리나라는 단군이 나라를 세우기도 전 일이네요.

이집트 하면 피라미드가 떠오르죠? 피라미드는 세계 7대 불가사의 중 하나라고 합니다. 그 옛날에 그런 규모의 건축물을 만들었다는 것도 신기하고 수학적인 계산이 적용되었다는 것도 신기합니다. 최초의 피라미드는 기원전 2660년 조세르 왕 때 계단형으로 만들어졌어요. 지금부터 약 4,700년 전 일이죠. 완전한 정삼각형 사각뿔 형태를 갖춘 피라미드는 기원전 2570년경 쿠푸 왕의 대피라미드부터입니다. 이집트 카이로 부근 기자 지역에 있는 대피라미드는 쿠푸 왕, 카프라 왕, 멘카우라 왕의 피라미드를 말합니다. 대피라미드 앞에는 몸은 사자에 얼굴은 여성인 커다란 스핑크스가 있어요. 이 스핑크스도 기원전 2500년 전에 만들어진 것으로 추정합니다.

Q. 중요한 내용은 무엇일까?
A. 이집트 건국과 피라미드에 대한 이야기이다.
나일강 범람으로 농토가 비옥해지자 도시 국가가 만들어지고 5,000년 전 통일 왕국으로 발전하였다.
이집트 카이로 부근에는 4,700년 전에 만들어진 피라미드와 그 후에 만들어진 대피라미드 3개, 스핑크스 등이 있다.

Q. 첫 번째 단락은 이집트는 나일강 주변에 농사가 잘 되어 5,000년 전에 통일 왕국이 만들어졌다는 내용이고, 다음 단락은 당시에 거대한 피라미드가 세워졌고 스핑크스 조각도 있다

는 내용이다. 그렇다면 주제는 무엇일까?

A. 5,000년 전에 이집트에는 통일 왕국이 세워졌고 거대한 피라미드 건축물과 스핑크스 조각이 만들어졌다.

⍾ 성취기준

[4국01-02] 원인과 결과의 관계를 고려하여 내용을 예측하며 듣고 말한다.

인과 관계를 염두에 두고 들으면 원인을 들은 뒤에 결과를 예측하고, 말하는 이가 결과를 말했을 때 염두에 둔 결과와 비교하여 평가하면서 들을 수 있다. 듣는 것은 단순히 말하는 이의 생각에 찬성표를 던지는 행위가 아니다. 들으면서 생각하고 생각한 바를 통하여 바른 지식과 정보를 얻게 된다. 그런데 인과 관계를 바탕으로 예측을 하려면 인과 관계가 1~2학년 때 공부한 시간의 선후와는 다르다는 점도 알아야 한다. 예측하면서 듣기를 강조하는 이유는 듣기 활동을 능동적으로 하도록 학습시키기 위해서다.

⍾ 학습활동

원인과 결과 또는 사실과 의견 등을 구분하는 것은 3~4학년 단계에서 배운다. 3~4학년이 되어야 사실과 의견을 구분을 할 수 있는 머리가 만들어지기 때문이다. 글을 읽을 때나 말을 들을 때 이를 구분하는 학습을 한다.

희석: 유준이는 어디 갔어?

정아: 친구네가 이사를 가게 되어서 유준이가 친구를 돕는다고 친구네 집에 갔어.

이 대화에 나타난 인과 관계는 무엇인가? 유준이는 친구가 이사를 가지 않는다면 친구네 집으로 가지 않았을 것이다. 친구가 이사를 가게 된 것이 유준이가 친구네 집에 가게 된 원인이고 유준이가 친구네 집에 간 것이 결과다.

"오늘은 아침부터 눈이 내리고 있다."라는 말을 들었다. 눈이 내리고 있는 것은 사실이면서 원인이다. 예상할 수 있는 결과는 다음과 같다.

- 집을 나서려면 우산을 준비해야 한다.
- 도로가 혼잡할 것이다.
- 학교에 지각할 수도 있다.

- 아이들이 눈사람을 만들고 눈싸움도 한다.
- 자기 집 앞을 치우는 사람들이 눈삽을 들고 나온다.
- 산에 가려면 아이젠을 가져가야 된다.

이런 점들을 떠올리면서 "오늘은 아침부터 눈이 내리고 있다."라는 말 뒤에 말하는 이가 하려고 하는 말을 예측하면서 듣는 훈련을 하는 것이다.

좀 더 길고 복잡한 말을 들을 때는 중요한 내용, 주제를 염두에 두고 다음 말을 예측하면서 듣는 학습을 한다. 아래 이어지는 말을 아이에게 읽어주고 예측하며 듣는 훈련을 해보자.

쓰레기가 많이 생기면 쓰레기 대란이 일어납니다. 쓰레기 매립장이 가득 차면 더 이상 쓰레기를 수거해 가지 않으므로 집 주변에 쓰레기가 산처럼 쌓입니다. 여름에 이런 일이 일어나면 악취가 날 뿐 아니라 전염병도 생길 수 있습니다.

쓰레기 처리 시설이 충분히 만들어지기 전까지는 쓰레기를 줄이는 생활 습관을 길러야 합니다. 음식물 쓰레기까지 포함한 우리나라 생활 쓰레기 재활용률은 50% 정도입니다. 나머지는 소각하거나 매립합니다. 전 세계의 재활용률에 비하면 우리나라 쓰레기 재활용률은 높은 편입니다. 그런데 좁은 땅에 많은 사람들이 살고 있어 단위 면적당 쓰레기 발생량은 매우 높습니다.

쓰레기를 재활용하면 쓰레기 양이 줄어듭니다. 쓰레기 분리수거는 쓰레기를 줄이는 차원에서도 중요하지만 자원 재활용 차원에서도 매우 중요합니다.

Q. 이야기에서 중요한 내용은 무엇일까?
A. 쓰레기가 많이 생기면 악취나 병이 생길 수 있다. 쓰레기를 줄이는 생활 습관을 길러야 한다. 재활용을 하면 쓰레기 양이 줄어든다.

Q. 다음에 이어질 말은 무엇일까?
A. _____

쓰레기 중 가장 관심을 가져야 할 것은 플라스틱 쓰레기입니다.

Q. 플라스틱 쓰레기에 대해 이야기를 하네, 그럼 다음에 이어질 말은 무엇일까?
A. _____

플라스틱은 가공이 쉽고 가격도 싸서 많이 사용되는 소재입니다. 그러나 매립하면 분해까지 오랜 시간이 걸리고, 재활용을 하면 품질이 떨어지기 때문에 재활용률이 높지 않습니다. 또한 상당량이 하천과 바다로 흘러 들어가면서 잘게 부서져 미세 플라스틱이 됩니다. 미세 플라스틱은 식수나 어패류를 통해 우리 몸으로 들어옵니다. 그래서 각 나라들은 플라스틱 사용을 줄이기 위해 애를 쓰고 있습니다.

Q. 여기서 중요한 내용은 무엇일까?
A. 플라스틱은 많이 사용되는 소재지만 재활용률이 낮고 미세 플라스틱이 되어 몸을 해롭게 한다.

Q. 우선 플라스틱 쓰레기는 재사용이 어려우니 사용을 줄이자는 말을 하는구나. 그럼 이 다음에 이어질 말은 무엇일까?
A. _____

그러나 현재 플라스틱 쓰레기를 줄이기는 쉽지 않습니다. 배달 문화가 확산되자 일회용 플라스틱 쓰레기는 더 늘고 있습니다. 이 플라스틱들은 대부분 음식물로 오염되어 재사용되지 못하고 버려지고 있습니다.

Q. 중요한 내용은 무엇일까?

A. 현재는 플라스틱 쓰레기를 줄이기도 어렵고 재사용도 하지 못하는 상황이다.

Q. 다음에 이어질 말은 무엇일까?

A. _____

그러므로 기업은 쉽게 재활용될 수 있는 재질의 용기와 포장재를 사용해야 하고, 소비자는 분리배출을 실천해야 하며, 재활용품 수거 업체도 분리수거를 잘해야 합니다. 기업이 제품을 생산할 때 재활용을 염두에 두었다면 이후 재활용 가능한 쓰레기를 정확하게 골라내는 기술을 개발해야 합니다. 또한 재활용을 할 수 없는 경우라면 폐기했을 때 물과 이산화탄소로 분해되는 썩는 플라스틱 개발도 시급합니다.

아이가 잘 예측했다면 칭찬을 해주자. 예측이 틀렸다고 해도 논리적인 사고 끝에 나온 예측이라면 칭찬해 주어야 한다.

이야기의 결론은 쓰레기 재활용률을 높이는 방안을 말하고 있다. 말하는 이는 다음과 같이 말하고 싶었던 것이다.

기업은 쉽게 재활용될 수 있는 소재를 사용해야 한다. 소비자는 분리배출을 실천해야 한다. 수거 업체는 재활용 가능한 쓰레기를 정확하게 골라내는 기술을 개발해야 한다. 물과 이산화탄소로 분해되는 썩는 플라스틱을 개발해야 한다.

이와 같이 듣는 말을 지속적으로 예측하면서 들어야 더 잘 들을 수 있다. 더 잘 듣는다는 말은 들은 말을 한 귀로 듣고 한 귀로 흘려버리는 것이 아니라 말하는 이의 담화를 비판적으로 듣고 자기 생각을 만들어가는 것을 말한다. 의사소통이란 일방적으로 지시하고 지시받는 것이 아니라 상호 관계를 맺는 것이기 때문이다. 이렇게 들어야 학습 발달도 더 잘 이루어진다.

일상적인 대화에서 듣기는 공식적 언어 활동에서의 듣기와는 양상이 다르다. 말하는 이도 주제를 분명히 밝히면서 말하지 않고 듣는 이도 주제와는 무관한 반응을 보이기도 한다.

희연: 오늘 학교 오는데 집에서 지갑을 안 갖고 나왔지 뭐야. 버스 탈 때에야 알았어. 근데 마침 옆에 서 있던 시아가 내 차비를 일단 내

줘서 위기를 넘기기는 했어. 그런데 매점에 가서 뭐 좀 먹고 싶은데 지갑이 없네. 어떡하지?

　　정화: 너는 맨날 덜렁거리냐? 엊그제는 체육복 안 갖고 와서 체육 선생님한테 혼나고 감점도 당했지, 그 전엔 실내화 안 갖고 와서 맨 발로 다니다가 또 혼났지. 어휴.

　　정화는 희연이가 매점 가려는데 돈이 없다고 말하려는 의도 와는 다르게 희연이가 늘 덜렁댄다고 핀잔을 주고 있다. 중요 한 내용을 파악해서 들어야 하는데 그러지 못하고 있는 것이다. 그런데 일상의 대화는 이런 경우가 많다. 즉, 일상에서의 대화 는 논점을 벗어나기 일쑤다. 그런데 대화가 계속해서 논점에서 벗어나면 둘의 관계가 원만하게 유지되지 않을 수 있다.

🔖 성취기준

[4국01-03] 상황에 적절한 준언어·비언어적 표현을 활용하여 듣고 말한다.

[4국01-03] 이 성취기준은 구어 의사소통 상황에서 억양, 어조, 속도 등의 준언어적 표현과 표정, 시선, 몸동작, 자세 등의 비 언어적 표현을 활용하여 의미를 효과적으로 전달하고 이해할

수 있는 능력을 기르기 위해 설정하였다.

상황에 적절한 준언어·비언어적 표현을 활용도 중요한 학습 과제이다. 들리는 말 자체뿐 아니라 말과 함께 전달되는 준언어·비언어적 표현을 함께 이해해야 한다는 것을 학습한다.[*]

:@ 학습활동

유준이와 시아가 놀다가 시아가 유준이의 연필을 부러뜨렸다.

시아가 유준이한테 연필을 부러뜨려 미안하다고 말할 때 시아의 말투와 표정은 어떠할지 이야기해 봅시다. 또, 시연해 봅시다. 그리고 시아의 표정과 말투가 적절하게 받아들여지는지를 말해 봅시다.

미안한 상황에서 언성을 높이면 정말 미안한 마음을 가지고 있다 하더라도 제대로 전달되지 않는다. 뿐만 아니라 시아가 유준이를 바라보지 않고 말하거나 미안한 표정을 짓지 않는

....
[*] 준언어와 비언어에 대한 설명은 34p에 나와있다.

다면 미안하다는 말은 가식이라고 전달될 것이다. 언성을 높이는 말투는 준언어적 표현이고 표정을 짓고 바라보는 것은 비언어적 표현이다. 사과를 받는 유준이의 입장에서는 시아가 정말 미안한 마음을 가지고 있는지 준언어·비언어적 표현을 통해 파악할 수 있어야 한다.

다양한 상황을 가정하고 적절한 준언어·비언어 표현을 학습할 수 있다.

- 친구가 나에게 칭찬하는 말을 해 주는 상황
- 50m 달리기를 하고 난 친구가 힘들다고 말하는 상황
- 정수기에서 물을 따르다 쏟은 것으로 오해를 받은 친구가 말하는 상황
- 헤어진 친구에게서 온 편지를 받고 반갑다고 말하는 상황

상황 면접 문제를 통해 연극과 같은 상황에서 준언어·비언어적 표현을 학습할 수도 있다.

유준이는 식당에서 일하는 중이다. 유준이가 일하는 식당은 예약제로 운영된다. 예약을 하지 않은 사람은 방명록에 이름을 적어두면

자리가 나는 상황에 따라 안내해 준다.

이런 사실을 모르는 아주머니가 아이와 함께 식당에 와서 대기 의자에 앉아 있었다. 그런데 자기보다 늦게 온 사람도 안내를 해 주는데 자기는 안내해 주지 않아서 화가 났다.

---

1. 화가 난 아주머니의 표정과 말투를 살려서 말해 보자.
2. 아주머니의 항의를 들은 유준이는 어떤 표정과 말투로 무슨 말을 하는 것이 상황을 수습하는 데 도움이 되었을까? 유준이 입장에서 연기를 해 보자.

연기를 배우는 학생이 많은 시대이므로 이 정도는 쉽게 해낼 수 있지 않을까 생각되지만, 막상 아이와 함께 이를 해 보면 쉽지 않다는 것을 느낄 수 있다.

유준이가 화를 내면서 아주머니한테 고압적인 말투로 "여기는 예약해야 한다는 것도 모르고 오셨어요? 다음에 예약하고 다시 오세요."라고 하는 연기를 했다면 그 학생은 합격점을 받았을까?

말하기 측면에서는 유준이가 아주머니에게 할 말을 생각해 보며 학습할 수 있다. 유준이가 상황을 수습하기 위해서는 흥분한 아주머니를 안정시키는 위로의 말과 함께 공손하고 친절한 태도를 보여야 하고, 매우 미안하다는 표정도 지어야 한다. 눈빛도 미안한 눈빛이어야 한다.

듣기 측면에서는 유준이의 말을 들은 아주머니의 입장을 생각해야 한다. 말을 듣고 있는 아주머니 입장에서는 유준이의 말과 비언어적, 준언어적 표현을 참고하여 유준이의 의도를 이해하게 된다. 유준이가 보여주는 태도에도 불구하고 아주머니가 더 화를 낸다면 의사소통이 원활하게 이루어지지 않았다고 할 수 있다. 화를 더 내는 원인이 사과를 받기 싫다는 아주머니의 개인적 감정에 기인할 수도 있지만 유준이가 보여주는 비언어적, 준언어적 표현을 이해하지 못해서일 수도 있다. 교실에서는 아이들이 준언어·비언어적 표현을 이해하지 못하는 상황에서 벗어나게 하는 학습을 시키려고 한다.

초등학교 5~6학년

☞ 성취기준

5~6학년의 성취기준은 다음과 같다.

[6국01-01] 대화에서 생략된 내용을 추론하며 듣는다.

[6국01-02] 주장을 파악하고 이유나 근거가 타당한지 평가하며 듣는다.

[6국01-03] 주제와 관련하여 궁금한 내용을 질문하며 적극적으로 듣고 말한다.

5~6학년이 되면 추론하고 비판하면서 듣는 역량을 기르는 학습을 한다. 또한 궁금한 내용을 질문하면서 듣는 적극적으로 듣기를 학습한다. 듣기 역시 읽기와 동일하게 사실적으로 듣기, 분석적 듣기, 비판적 듣기로 차원을 나누어볼 수 있는데, 5~6학년이 되면 고급 듣기 수준인 비판적 듣기에 대한 학습을 하는 것을 알 수 있다.

✺ 학습활동

이야기를 듣고 추론, 평가와 질문에 대하여 생각해 보자.

혹시 무대 울렁증 있나요? 탐구 활동을 잘 해놓고도 발표를 잘못하여 낭패를 보기도 합니다. 대학에 지원할 때 면접이 두려워 면접 없는 전형을 골라 지원하기도 합니다. 발표는 언제나 부담이 됩니다. 자신이 한 과제를 발표하면 다른 친구들이 비웃지 않을까 걱정이 됩니다. 무대 울렁증을 극복하려면 마음가짐을 바꾸어야 합니다.

스티브 마틴과 조지프 마크스는 《메신저》라는 책에서 말하는 이에게 끌리는 여덟 가지 프레임을 제시했습니다. 이 여덟 가지 프레임은 하드 메신저인 사회경제적 지위, 역량, 지배력, 매력 등과 소프트 메신저인 온화함, 취약성, 신뢰성, 카리스마 등으로 나뉩니다.

이 중 학교에서 이용할 수 있는 자세도 몇 가지 있습니다. 우선, 하드 메신저 관련입니다. 겉으로는 당당한 자세로 상황에 임하고 마음으로는 자신감을 갖는 것입니다. 자신감 있는 표정도 중요합니다. 능력은 없는데 인상 덕에 자리를 지키고 CEO도 있다고 합니다. 안정된 목소리도 지배력을 가지고 있습니다. 니콜라 게겐이라는 학자의 연구에 의하면 단정한 옷을 입으면 매력 있어 보이고 더 좋은 평가를 받게된다고 합니다. 적절한 제스처를 쓰는 것도 효과적입니다.

캐럴 드웩이 《마인드셋》에서 말한 성장 마인드셋(Growth mindset)으로 무장하는 것도 필요합니다. 발표가 떨리는 이유는 실패에 대한 우려 때문인데요. 성장 마인드셋을 가지면 오히려 실패는 성공의 어머니라는 말을 믿고 두려움을 떨칠 수 있습니다.

12살 마사이족 소년 리차드 투레레는 사자의 공격으로부터 소를 지키려면 서서 횃불을 휘두르는 것이 효과가 있다는 것을 알았습니다. 그는 쓰레기장에서 주워온 태양열 패널과 자동차 배터리, 라디오 부품 등을 이용하여 '사자 몰이 전등'을 만들어 사자의 공격을 막아내었습니다. 이는 사자를 보호하는 차원에서도 좋은 아이디어였습니다. 사자 몰이 전등을 개발한 뒤 투레레는 TED에 초청 강사로 초빙되었습니다. 그런데 투레레는 무대에서 얼어붙고 말았습니다. TED의 간부진은 얼어붙은 투레레에게 '관중석 가운데 친절한 눈빛을 보내는 사람을 대여섯명 찾는 거야. 그런 다음에 이야기할 때 그들의 눈을 쳐다보렴.'이라고 조언했답니다. 그리고 투레레는 성공적으로 강연을 마쳤습니다.

발표할 때 떨지 않기 위하여 중요한 것이 몇 가지 더 있습니다. 먼저 발표의 목적을 분명히 해야 합니다. 단순한 정보 전달인지. 혹은 설명인지 설득인지를 구분해야 합니다. 이에 따라 내용 구성과 표현 방법을 달리해야 합니다.

다음은 청중을 고려해야 합니다. 동료에게 발표하는 것이라면 동료들의 수준을 고려하여 내용을 구성하면 됩니다. 직접 경험한 사례를 들어 발표하면 반응이 더 좋을 수 있습니다.

그리고 발표 내용 구성을 도입, 본론, 결론으로 구성합니다. 도입에서는 발표 동기와 목적을 밝히고, 본론에서는 핵심 내용을 잘 정리해서 발표하고 결론에서는 전체 논점을 정리합니다. 전체를 정리할 때는 핵심 내용을 잘 정리해서 발표해야 메시지가 명료해집니다. 유머 있는 말로 마무리하면 기억에 도움을 줄 수도 있습니다.

마지막으로 실제 발표하기 전에 연습을 하고 피드백을 받으면 큰 도움이 됩니다. 온라인으로 친구에게 점검을 받을 수도 있고 동영상 녹화를 해서 조언을 받을 수도 있습니다.

　발표할 때는 원고를 읽는 방식보다는 청중을 보면서 발표해야 합니다. 시간 조절도 잘해야 합니다. 사전 연습 때 예상 시간을 점검해야 합니다.

1. 어떤 말이 생략되어 있나요?

하드 메신저와 소프트 메신저는 어떻게 다른지에 대한 설명이 없네.

소프트 메신저에 포함된 취약성이 무엇인지 설명이 없네.

능력이 없는데 인상 덕에 자리를 지키고 있는 CEO도 있다면서 누구인지는 안 밝혔네.

온라인으로 친구에게 점검을 받을 수 있다는데 방법이 뭐지?

2. 주장에 대한 이유나 근거가 타당한지 점검해 봅시다.

떨지 않기 위해 챙겨야 할 것 중에 든 '듣는 대상을 확인하라'는 것은 타당한 근거일까?

"청중을 고려해야 합니다. 동료에게 발표하는 것이라면 동료들의 수준을 고려하여 내용을 구성하면 됩니다. 직접 경험한 사례를 들어 발표하면 반응이 더 좋을 수 있습니다."라는 주장은 떨지 않기 위한 방안이라기보다는 주장하기 준비를 잘 하기 위한 방안이 아닐까?

3. 궁금한 내용을 질문해 보자.
하드 메신저와 소프트 메신저는 어떻게 다른지 설명해 주세요. 능력이 없는데 인상이 좋아서 자리를 지킨 사람은 얼마나 되죠? 일반적인 사례인가요?

생략된 내용을 추론해 보는 것도 청해력 향상에 도움이 된다. 추론한 내용을 물어보거나 직접 찾아보는 과정에서 배경지식을 쌓을 수 있다.

생략된 내용	추론
하드 메신저와 소프트 메신저는 어떻게 다른지에 대한 설명이 없네.	노력해도 바꿀 수 없는 것은 하드 메신저이고 노력하면 바꿀 수 있는 것은 소프트 메신저일 거야.
소프트 메신저에 포함된 취약성이 무엇인지 설명이 없네.	지도자가 허점을 보이면 더 친근하게 느껴진다는 말일 거야.
능력이 없는데 인상 덕에 자리를 지키고 있는 CEO도 있다면서 누구인지는 안 밝혔네.	그런 사람이 누구일까?
온라인으로 친구에게 점검을 받을 수 있다는데 방법이 뭐지?	실제로 어떤 도구를 사용해야 하는지, 어떻게 사용할 수 있는지는 알아야 할 거야.

이렇게 보면 교육과정상 듣기 학습은 초등학교 졸업과 동시에 완성된다고 할 수 있다.

중학교

∶⋐ 성취기준

중학교 교육과정에서 듣기 성취기준은 다음과 같다.

[9국01-01] 화자의 의도와 관점을 추론하며 듣는다.

[9국01-02] 설득 전략을 비판적으로 분석하며 듣는다.

[9국01-03] 담화 공동체에 따른 듣기·말하기 방식의 다양성을 고려하여 듣고 말한다.

[9국01-04] 상대의 말을 경청하고 상대의 감정과 입장에 공감하는 반응을 보이며 대화한다.

초등학교 5~6학년 때에는 생략된 내용을 추론하며 이야기를 들었는데, 중학교에서는 화자의 의도와 관점을 추론하며 듣는다. 말하는 이의 설득 전략을 분석하면서 듣기는 중학교에서 처음 다룬다.

마지막은 '상대의 말을 경청하고 상대의 감정과 입장에 공감하는 반응을 보이며 대화'하기인데 듣기에서 경청과 공감의 중요성을 배우는 것으로 중학교에서의 학습이 끝난다.

초등학교에서도 공감과 관련한 내용을 학습했다. 2015개정 교육과정의 5학년 교과서에서는 '공감하며 대화해야 하는 까닭 알기'가 실려 있다.

민서: 지윤아, 너에게 할 말이 있어.

지윤: 나 지금 바쁜데, 내가 꼭 들어야 하니?

민서: 지난번 질서 지키기 그림 대회에서 내가 그린 그림이 뽑히지 않아서 무척 서운했어.

지윤: 네가 그림을 못 그렸겠지.

민서: 너는 친구에게 어떻게 그런 말을 하니?

지윤: 그냥 내 생각을 말한 건데, 왜?

이렇게 공감이 이루어지지 않는 대화의 결과는 어땠을까? 두 학생은 교실에서 한 학생이 뒷문으로 다니면 다른 학생은 앞문으로 다니는 사이가 되었을 것이다. 학생에게 언어 사용을 가르치는 이유는 사회 구성원이 언어를 도구로 삼아 의사소통을 하는 가운데 행복한 삶을 누릴 수 있는 사회를 만들기 위함이다. 그런데 공감을 바탕으로 대화하지 않으면 사회는 투쟁의 장이 되고 만다.

고등학교 1학년의 공통 국어에서 듣기는 "대화의 원리를 고려하여 대화하고 자신의 듣기·말하기 과정과 공동체의 담화 관습을 성찰한다."고 하였다. 대화의 원리란 협력의 원리, 공손성의 원리, 체면 유지의 원리 등을 말한다. 이를 보면 듣기 역량은 초등학교와 중학교 단계에서 대부분 학습한다는 것을 알 수 있다.

요약하면 초등학교 1~2학년의 '상대의 말에 집중하여 내용 이해하기'는 경청하는 습관을 기르는 것으로, 3~4학년에서는 내용 이해하기를 좀 더 깊이 하는 역량을 기르고 준언어·비언어적 표현까지를 고려하는 것으로, 5~6학년에서는 추론하고 평가하면서 듣고, 질문을 하는 등 적극적 듣기로 듣기 역량을 기르는 과정을 거치고 중학교에서 '경청하고 상대의 감정과 입장에 공감하는 반응'을 보이는 방법을 배운다고 할 수 있다.

고등학교

　고등학교에서는 청해력을 길러 주기 위해 어떤 학습을 하고 있는지 알아보자.

교과(군)	공통 과목	선택 과목		
		일반 선택	진로 선택	융합 선택
국어	공통 국어1 공통 국어2	화법과 언어 독서와 작문 문학	주제 탐구 독서 문학과 영상 직무 의사소통	독서 토론과 글쓰기 매체 의사소통 언어생활 탐구

　2022년 12월 22일, 교육부는 2022 개정 교육과정을 고시했다. 고등학교 1학년까지는 공통 교육과정으로 모든 학교에서 같은 과목을 배운다. 고등학교 2~3학년은 선택 교육과정인데

선택 과목은 일반 선택, 진로 선택, 융합 선택으로 구분했다. 국어의 기본이 되는 듣기, 말하기, 읽기, 쓰기와 문학, 국어 지식에 해당하는 과목이 일반 선택 과목에 포함되어 있는데 듣기 과목은 보이지 않는다. 말하기는 화법, 읽기는 독서, 쓰기는 작문, 문학은 문학, 국어 지식은 언어와 짝을 이루는데, 듣기 과목은 별도로 설정되지 않았다. 2022 개정 교육과정에는 기본이 되는 영역에 '매체'가 포함되었다. 매체 과목은 융합 선택 과목인 매체 의사소통이다.

진로 선택의 직무 의사소통과 융합 선택의 매체 의사소통 과목에는 듣기와 관련한 내용이 포함되어 있을까?

국어과 교육과정에서는 직무 의사소통 과목을 '진로 탐색이나 취업 준비에 관심 있는 학습자, 직무 상황에서 요구되는 의사소통 능력 신장에 관심이 있는 학습자가 직무 공동체 속에서 능동적이고 협력적인 구성원으로 성장하도록 돕는' 과목이라고 설명한다. 즉, 일반고보다는 특성화고에서 배우기에 적합한 과목이라는 뜻이다.

이 과목에서 학생이 배울 것으로 기대되는 능력을 교육과정에서는 다음과 같이 제시하였다.

- 직무에 적합하게 자기를 소개하고 면접에 참여하기
- 진로와 직무 탐색을 위해 정보를 이해하고 평가하기
- 직무 정보를 체계적으로 관리하고 활용하기
- 직무 정보를 효과적으로 조직하고 표현하기
- 대화와 협의를 통해 직무 의사소통 문제와 갈등 조정하기
- 직무 공동체의 문제에 대한 대안을 탐색하고 해결하기
- 다양한 매체를 활용해 직무 공동체 구성원과 협력 기반의 소통하기

하지만 어디에도 잘 듣는 능력을 기른다는 말은 없다.

융합 선택과목인 매체 의사소통에서도 듣기 역량을 다루지는 않는다. 매체 의사소통에서 제시하는 내용은 다음과 같다.

- 매체 의사소통 현상 관찰하기
- 매체 자료 수집·분석하기
- 매체 자료 해석·평가하기
- 매체 자료 기획·구성하기
- 매체 자료 제작·공유하기

듣기 관련해서 학교에서 길러야 할 역량은 대부분 10학년(고등학교 1학년)까지 배우는 공통 교육과정에 있다.

3장

청해력 기르기에 중요한 요소

경청하기

경청은 한자로 *傾聽*이라고 쓴다. 경(傾)자는 '기울다'라는 뜻을 가지고 있다. 표준국어대사전에서는 경청을 '귀를 기울여 들음'으로 뜻풀이를 했다. 경청은 존경한다든가 우러른다는 뜻은 아니다. 경청은 단어 뜻 그대로 귀를 기울여 듣는다는 말이다. 영어에서 그냥 귀로 들어오는 말을 받아들이는 것은 'Hearing'이고 의미를 파악하면서 듣는 것은 'Listening'이라고 한다. 경청은 Listening에 해당한다. 경청하지 않고 건성으로 듣는 것은 상대의 말을 귓전으로 흘리는 것이다.

학생은 일반인보다 경청을 해야 할 상황이 더 많다. 학생의 하루에서 듣는 시간은 말하기와 읽고 쓰는 시간을 다 합한 것보다 많다고 한다. 그만큼 학교에서 대부분의 학습은 경청을 통해 이루어진다.

교실에서 이루어지는 경청은 텔레비전의 교양 강좌 방송을 듣고 있는 것과 크게 다르지 않다. 선생님은 여러 학생을 상대로 어떤 지식과 정보, 개념과 원리를 설명하며 문제를 풀어주기도 한다. 그러면 학생은 자신이 강의 내용을 이해하고 있는지 머리로 확인하면서 강의를 듣는다. 강의 중간에 질문을 하기는 어렵다. 우선은 수업을 수동적으로 듣고 있게 된다.

그저 듣고 있으면 기억에 남지 않고 모르는 것과 아는 것도 구분이 안 된 채로 말이 머리를 스치고 지나간다. 왼쪽 귀로 듣고 오른쪽 귀로 흘린다는 말이 바로 그저 듣기만 하는 자세를 꼬집는 말이다. 그러나 경청은 상대방의 말에 집중하여 그 말의 뜻을 새겨 듣는 듣기 방법이며, 아는 것, 이해가 되는 것, 모르는 것, 의심스러운 것 등을 구분해서 듣는 것이다. 그리고 경청을 하면 이어지는 생각을 보충해서 깊이 공부할 수 있는 바탕이 되고, 질문을 해서 모르는 것을 해소할 수도 있다.

좋은 학생을 만드는 경청

경청은 학습 성과를 높이는 데만 유효한 것이 아니고 선생님과의 상호 작용을 통해 좋은 인상을 남기는 데도 유용하다. 온라인 화상 수업에서도 수업을 진행하는 선생님과 화상에서 눈을 마주치면 가장 기억에 남는 학생으로 선생님에게 각인되는 효과가 있다. 선생님의 눈길은 어쩔 수 없이 경청하고 있는 학생에게 더 많이 가기 마련이다.

수업 중에 선생님이 학생에게 질문을 하면 학생은 응답을 한다. 수업 내용에 맞는 적절한 대답을 했다면 칭찬을 받게 될 것이다. 칭찬을 받은 학생은 자신이 경청한 결과 질문에 합당한 대답을 하여 칭찬을 받았을 뿐 아니라 수업 태도가 좋은 학생이라는 칭찬도 받게 된다. 칭찬받은 학생은 더 으쓱하여 늘 경청하는 자세를 갖게 된다.

질문에 제대로 답을 하지 못해서 꾸지람을 듣거나 '그것도 몰라?'와 같은 무시당하는 말을 들었다면 다음부터는 그 선생님의 얼굴을 보는 것조차 싫어할 수 있다. 물론 학생이 평소에 경청하는 자세를 보여 왔다면 이런 말을 듣게 될 가능성은 거의 없다.

수업 중 창밖을 넋 놓고 바라보는 습관을 가진 성찬이의 경우를 보자. 한번은 영어 시간에 선생님이 성찬이에게 수업 내용에 관한 질문을 했다.

선생님: 성찬아, 내가 금방 레인이라고 발음하는 단어 중 주의해야 할 단어가 있다고 했는데 들었니?

성찬이: 예? 아, 잘 모르겠는데요?.

선생님: 금방 한 말도 모르니. '통치하다'라는 단어가 Reign이라고 몇 번을 말했는데. 정신은 어디로 보낸 거야? 한 시간 내내 창밖만 바라보고 있었으니 모르는 게 당연하지. 수업 태도가 그게 뭐야?

성찬이는 친구들에게 영어 선생님이 자신을 미워한다며 영어 선생님은 보기도 싫다고 했다. 그리고 창밖을 바라보고 있는 태도도 바꾸지 않았다.

성찬이가 경청하는 태도를 보여주지 않는 것을 경청하라고 강요해서 고칠 수는 없다. 학업에 흥미를 보이지 않아 수업을 경청하지 않는다면 동기를 부여할 방법을 구안해야 한다. 이런 태도는 야단치고 훈계한다고 고쳐지지는 않는다. 학습과 관련 있는 흥미 있는 이야기로 집중하게 하거나 수업 중간에 내용과 관련된 문제를 내고 맞췄을 때 상을 주는 방법 등을 이용해 학습에 동기를 부여해야 한다.

인간관계를 만드는 경청

수업 상황뿐 아니라 사람들끼리 대화할 때도 경청하지 않으면 문제가 생긴다. 특히 가족 관계나 가까운 친구 관계에서 경청하지 않아 관계에 문제가 생기는 사례가 많다.

아내: 저 먼저 살던 집 옆집 아줌마 있잖아, 가끔 뒷산에서 마주쳤는데, 요즘 통 안 보이길래 어디 아픈가 했더니 한동안 무릎이 아파서 산에는 못 왔대.

남편: (아무 반응도 없이 텔레비전의 여행 프로그램에 빠져 있다.)

아내: 여보, 내 말 듣고 있어? 저 먼저 살던 집 옆집 아줌마가 무릎이 아파서 산에 못 왔다고.

남편: (여전히 텔레비전을 보면서) 그래서?

아내: 그 언니가 무릎이 아팠다고.

남편: (아직도 텔레비전에서 눈을 떼지 않고) 무릎이 아파서, 뭐?

아내: 아니, 아는 사람이 무릎이 아파서 외출을 못 했다는데 당신은 뭐 느낌이 없어?

남편: 뭐 어떡하라고?

아내: 아는 사람이 아프다는데 뭐 반응이 그래?

남편: 뭐, 그렇지. 어떡하라고. 병원 다니면 좋아지겠지. 나이가 들어 무릎이 아프기 시작했으니 다시 산에 오기는 어려울 수도 있고.

아내: 당신한테 말 거는 내가 바보지. 에구. 팔자야.

아마도 이후 이 부부는 부부싸움을 한참 하지 않았을까? 그냥 들어주면 될 일을 경청하지 않다가 문제가 생긴 경우이다.

모든 인간관계에서 가장 중요한 것이 경청이다. 이것은 말의 의미를 새겨듣는 사항과 함께 듣는 태도도 포함한다. 듣는 사람이 딴청을 피우면서 이야기를 잘 안 듣는 것처럼 보이면 인간관계는 파탄이 나고 만다. 말하는 이는 잘 들어주지 않는 상대의 태도에서 자신이 무시당했다는 생각이 들어 감정이 상하기 때문이다. 경청하는 자세가 몸에 배어 있어야 정확한 정보를 얻게 될 뿐만 아니라 인간적인 소통이 이루어져서 원만한 사회생활을 할 수 있다.

아래 상황을 통해 경청이 인간적인 소통을 위해 얼마나 중요한지 이해할 수 있다.

초등학교 1학년 유준이와 할아버지가 거실 소파에 앉아 있다.

할아버지: 유준아, 방학 동안 수영 배우고 있다며?

유준: (스마트폰으로 게임을 하면서 대꾸도 하지 않는다.)

할아버지: (다시) 유준아, 방학 동안 수영 배우고 있다고?

유준: 예. (단답형으로 대답하고는 말이 없다.)

할아버지: 자유형과 평형을 배웠겠구나. 접영도 배웠니?

유준: 아직요.

할아버지: 언제 배운대?

유준: (답이 없다.)

유준이 엄마: 유준아, 할아버지 말씀하시는데 잘 들어야지.

유준: 예? 뭐라고 하셨어요?

할아버지: 접영 배웠냐고 물었다.

유준: 아직 안 배웠는데요. 개학하면 수영장에 계속 갈지 잘 모르겠어요.

할아버지: 그렇구나. 한 6개월은 꾸준히 해야 수영이 느는데, 자유형 좀 한다고 그만 배우면 나중에도 초보에서 벗어나지 못한단다.

유준: 예. (스마트폰 게임으로 돌아가 버렸다.)

윗글에서 대화가 잘 안 되는 이유는 손자가 할아버지의 말을 경청하지 않기 때문이다. 이렇게 손자가 다른 데 관심을 갖고 있어 대화가 잘 안 되더라도 할아버지가 좀 더 인내해야 한다. 초등학교 1~2학년 학생은 아직 집중력이 발달하지 않은 시기라 누구의 말이라도 경청하기가 힘들 수 있다.

만일 아이가 늘 경청하지 않는다면 태도를 고치기 위해 집중적으로 지도해야 한다. 습관을 바꾸기 위해서는 모든 가족 구성원이 경청하지 않는 아이의 습관이 고쳐질 때까지 동일한 강도로 지적해야 한다. 습관 교정은 아주 오랜 기간이 걸리지는 않는다. 우선 3주간만 노력해 보면 대부분의 나쁜 습관이 개선된다.

경청은 내용을 따져 파악하기 위해 필요한 태도이기 이전에 인간관계를 형성하기 위해 필요한 태도이다. 친구가 많은 사람은 말을 많이 하는 사람보다 말을 잘 들어주는 사람일 가능성이 높다. 문제가 생기면 속을 터놓고 말하기 위해 잘 들어주는 사람을 찾게 된다. 이렇게 보면 경청은 사람다움의 시작이다.

사람은 말하기를 원하고 대화 상대가 없으면 우울해지는 존재이다. 사람은 대화 상대가 없으면 스마트폰에 탑재된 AI 기능을 이용해서라도 대화를 한다. 영화 〈캐스트 어웨이〉에서 톰 행크스가 연기한 주인공은 무인도에 표류한 후 외로움에 윌슨 상표 배구공을 윌슨이라고 부르며 말을 건다. 하지만 배구공은 대답이 없다. 그는 배구공에게 소리치며 화를 내기도 한다. 어쩌면 경청하지 않는 배구공에게 화를 내고 있는지 모르겠다.

의사소통 방법에서 경청은 가장 먼저 나오는 덕목이다. NCS에서도 의사소통 역량을 중시하고 있으며, 의사소통 역량 중 경청이 큰 비중을 차지하고 있다.

경청하는 태도를 연습하는 방법으로 두 사람이 마주 앉아 한 사람이 3분 동안 이야기를 하고 한 사람은 듣는 훈련을 추천한다. 말하는 사람은 발표·면접 훈련이 되고 듣는 사람은 경청하는 연습이 된다. 이때 상체를 말하는 사람에게 좀 더 기울이기, 상대의 말에 추임새 넣기, 상대의 말을 반복하기 등을 하면서 듣는다. 그리고 다 듣고 난 뒤에 상대방에게 들은 이야기를 요약해서 말해주고 내용이 맞는지 확인한다. 다 하고 나서 역할을 바꿔 연습한다.

NCS는 산업 현장에서 직무를 수행하는 데 필요한 능력(지식, 기술, 태도)을 국가가 표준화한 것이다. 여기에 직업기초능력으로 10개 영역을 제시하고 있는데 이 중 첫 번째가 의사소통 능력이다. 이 의사소통 능력은 문서이해 능력, 문서작성 능력, 경청 능력, 의사 표현 능력, 기초외국어 능력으로 구성되어 있다. 이 중 듣기 관련 능력은 경청 능력이다.

NCS 홈페이지 화면은 다음과 같이 구성되어 있다. 여기에는 학습자용 가이드북과 교수자용 가이드북이 탑재되어 있다. 가이드북에는 경청과 관련된 내용을 자세히 설명하고 있다. 경청 자세를 점검할 수 있는 점검표도 볼 수 있다.

연번	내용				
1	나는 화자를 방해하지 않고 자신의 생각을 표현하도록 한다.	1	2	3	4
2	나는 상대방이 말하는 모든 것을 듣기를 원한다.	1	2	3	4
3	나는 중요한 사실을 기억하는 능력을 가지고 있다.	1	2	3	4
4	나는 메시지의 가장 중요한 세부 사항을 기록한다.	1	2	3	4
5	나는 비록 따분하기는 하지만 화자의 말을 듣는다.	1	2	3	4
6	나는 듣고 있을 때는 주위의 산만한 분위기를 무시한다.	1	2	3	4
7	나는 화자의 말을 진심으로 듣고 있음을 표현한다.	1	2	3	4
8	나는 다른 사람의 말에 동의하지 않더라도 들어준다.	1	2	3	4
9	나는 화자의 다음 말을 예측하면서 공상을 피한다.	1	2	3	4

30점 이상이면 경청을 잘하는 사람이라고 한다. 점검 항목은 경청하는 태도를 기르기 위한 덕목들이므로 평소 실천하여 습관이 되도록 해야 한다.

그밖에도 경청을 위하여

① 비판적·충고적인 태도를 버리고,

② 상대방이 말하는 의미를 이해하고,

③ 단어 이외의 비언어적 표현에도 신경을 쓰며,

④ 상대방이 말하는 동안 경청하고 있다는 것을 표현하며,

⑤ 대화 시 흥분하지 않는다.

등과 같은 유의사항도 말해 주고 있다.

중·고등학교 진로와 직업 교육과정에서도 의사소통 능력을 한 단원에서 다루고 있어 이 단원을 학습할 때도 경청 자세에 대해 점검해 볼 기회가 있다.

작업기억

공부를 잘 하기 위해서는 '작업기억 용량이 커야 한다.', '배경지식이 있어야 한다.'는 이야기가 있다. 이미 많은 사람들이 작업기억이나 배경지식이 중요하다는 사실을 알고 있지만 대부분 작업기억을 늘리거나 배경지식을 쌓으려는 노력을 하지는 않는다. 듣기에서도 작업기억과 배경지식은 중요하다.

크리스토퍼 놀란 감독은 2001년에 영화 〈메멘토〉를 만들어 대가의 반열에 올랐다. 메멘토의 주인공은 자신이 한 일을 10분밖에 기억하지 못하는 희귀병에 걸렸다. 주인공은 10분 동안 일어난 일을 나중에 기억하기 위해 폴라로이드 사진을 찍어 기록하거나 몸에 써놓기도 했다. 영화의 주인공은 장기기억이 없는 사람이다.

기억은 장기기억과 단기기억 및 작업기억으로 나뉜다. 단기기억은 '짧게 남아 있는 기억'이라는 시간 관점에서 사용하는 용어이므로 저장된 기억으로 오래 남아 있는 장기기억과 대비가 된다. 한편 작업기억은 영어의 'Working memory'를 번역한 말이다. 말 그대로 기억하는지 잊었는지를 구분하는 기억이 아니고 '작업을 하는' 기억이다. 감각 기관을 통해 들어온 정보를 판단하고 작업을 할 수 있도록 하기 때문에 작업기억은 기억의 지휘자와 같은 역할이라고 말한다.

조금 전에 들은 이야기가 잠시 기억에 남아 있는 것은 단기기억이 작동하기 때문이다. 단기기억을 활용해서 정보처리를 할 때 작업기억이 작동한다. 즉, 감각 기관을 통해 파악된 신호가 뇌에 도착하면 뇌는 정보를 일시적으로 기억하면서 이해하고 판단하는 등의 인지적 작업을 한다. 양쪽 귀는 받아들인 소리의 시간차와 반향 등을 바탕으로 소리의 방향까지 인식할 수 있고, 소리가 언어라면 의미를 파악한다. 이런 판단을 하는 동안 정보는 기억 속에 남아 있다. 두 눈은 대상의 움직임과 모양과 색깔 등 특징을 받아들이고 뇌는 대상의 시각적 특징과 거리까지 파악한다. 이런 판단이 감각 기관이 받아들인 자극을 인지하는 과정에서 이루어지는데, 자극이 기억 속에 남아서 지속되는 시간은 매우 짧다. 붕어는 낚시 바늘에 달린 미끼를 물어 낚일 뻔 했다가도 다시 미끼를 문다. 그 이유는 미끼를 무는 것은 위험하다는 판단을 하는 기능이 없기 때문이라고 한다. 붕어가 과거를 기억하는 것은 3초에 불과하다고 한다. 사람은 그보다는 더 긴 단기기억을 가지고 있다며 만물의 영장임을 자랑스럽게 내세우지만, 사람의 단기기억 시간도 30초 이내이다.

허리가 아파서 병원 진료를 받았는데, 의사 선생님이 무거운 거 들지 말고, 딱딱한 바닥에서 자고, 아침에 일어나서 다리 들기 운동을 하라고 조언했다. 그리고 진료실을 나서서 처방전 받고 계산하고 생각해 보니, 무거운 거 들지 말라는 건 기억이 나는데, 나머지 두 가지는 기억이 나지를 않는다.

이렇게 단순한 정보들은 쉽게 사라진다. 경조사를 알리는 안내문에 계좌번호도 같이 기재되어 있는데, 이 번호를 기억해서 송금하기는 쉽지 않다. 금방 본 계좌번호는 단기기억에서 기억되고 단기기억에서 사라진다. 그러나 경조사에 부조를 해야 하고, 한다면 얼마를 보내야 할지, 아니면 직접 참석할지를 판단하는 것은 작업기억이 담당한다.

사람의 장기기억과 작업기억은 종종 컴퓨터에 비유된다. 데스크톱 컴퓨터로 작업을 할 때는 필요한 프로그램을 램에 띄워놓고 정보를 입력·가공하면서 때때로 하드디스크에 저장을 한다. 이때 램에 띄워놓은 프로그램과 작업 과정이 작업기억에 해당하고 하드디스크에 저장한 정보는 장기기억에 해당한다. 사람의 뇌에서는 해마에 정보들이 장기기억으로 남아 있다.

한편 컴퓨터 작업은 동시에 여러 가지를 띄워놓고 멀티태스킹을 할 수도 있고, 용량이 부족하면 램 용량을 늘리면 되고, 또 컴퓨터나 사용 중인 프로그램을 끝내기 전까지는 중간에 사라지지 않는다. 그러나 사람의 작업기억 능력은 잘 늘어나지 않고 긴 시간 동안 유지되지도 않는다.

작업기억 능력이 부족한 학습자의 특징

540원어치 물건을 사고 5,000원권을 냈을 때 거스름돈이 4,460원이라는 계산을 할 수 있는 것도 작업기억에 숫자가 남아 있기 때문이다. 37원짜리 물건 7개를 사는 상황에서 40원에 7개를 사면 280원인데 40원과 37원의 차이인 3원씩 7개, 21원을 빼야 하므로 280-21은 259원이라고 암산하는 것도 작업기억 덕이다. 이렇게 보면 작업기억은 더하기나 곱하기를 하는 것처럼 기존 지식을 끌어내서 정보를 처리하거나 새로운 정보와 통합하는 작업과 관련이 있어 보인다.

작업기억에서 정보를 유지하면서 처리하는 사이에 학습이 이루어지기 때문에 작업기억 역량이 떨어지면 청해력이 낮을 수밖에 없다. 엄마가 "계란찜을 하려고 하니 냉장고에서 계란 5개를 꺼내고, 창문을 열고 환기를 하고, 재활용 버리는 날이니 신문지 모아둔 거 처리하고, 택배 온 거 풀어 보고 포장지에 붙은 송장 떼어 쓰레기통에 버려라. 혹시 쓰레기통이 찼으면 그것도 버리고 와."라고 하면 작업기억 용량과 관계없이 지시를 다 수행하지 못할 가능성이 높다. 지시한 과제의 가짓수가 많기 때문이다. 작업기억 용량이 작은 학습자는 계란을 꺼낸 다음에 바로 마지막 명령인 쓰레기 버리기를 할지도 모른다. 작업기억 용량이 작으면 많은 정보를 동시에 기억하지 못하기 때문이다.

작업기억 용량이 작은 학습자는 다음과 같은 특징을 보인다.

- 금방 지시한 것을 잊어버린다.
- 언어 사용 능력이 떨어진다.

- 무슨 말을 해야 할지 모른다.
- 간단한 암산을 어려워한다
- 불쑥 질문을 한다.
- 어디까지 읽었는지 잊는다.
- 물건을 자주 잃어버린다.
- 어렵지 않은 과제를 완수하지 못한다.

아이가 지시사항을 잊고 허둥대거나 아예 딴청을 부릴 때 아이를 나무랄 일이 아닐 수도 있다. 작업기억 용량이 낮아서 생긴 문제이기 때문이다. 청각 작업기억 역량이 떨어지면 기억에 급급해서 글씨를 정확하게 쓰지 못하기도 한다. 선생님이 "법정 전염병에는 장티프스, 발진티프스, 파라티프스가 포함된다."라고 했는데 작업기억 역량이 부족한 아이는 글씨도 바르게 쓰지 못할 뿐만 아니라 내용도 '장티브스, 발진프스, 파라브스'와 같이 엉망으로 쓰기도 한다. 이렇게 필기하고 나중에 필기한 내용을 복습하면 맞게 외웠는데 틀리는 문제가 발생한다. 한편 작업기억 역량이 좋으면 생각할 여유도 생기고 처리 속도도 빨라져 글씨도 바로 쓰게 되고 단어도 정확하게 쓸 수 있게 된다. 다행인 것은 작업기억을 늘리는 방법이 있다는 점이다.

작업기억을 늘리는 방법

◌ 덩이짓기

엄마께 다섯 가지 지시를 받은 아이는 주변을 둘러보면서 냉장고, 창문, 신문지, 택배 물건, 쓰레기 등을 보고 청각 정보를 시각 정보와 동시에 작업기억에 올려놓는다. 그리고 처리할 방식을 떠올려 작업을 진행한다. 냉장고에서는 계란을 꺼내고, 창문을 열고 환기를 하며, 신문지는 버리라고 했지만 일단 택배부터 처리하고 나서 신문지와 쓰레기를 처리할 것이다. 일 사이의 관계를 떠올려 기억하는 방식이다. 유사한 것끼리 묶어서 기억에 떠올리면 무관한 것들을 기억하는 것보다 효과적으로 기억을 유지할 수 있다. 유사한 것을 묶어서 기억하는 방식을 덩이짓기(청킹, Chunking)라고 한다. 무질서하게 배열된 사물이나 숫자를 하나씩 기억하는 것보다는 몇 개씩 묶어서 기억하면 잔상이 오래간다. 예를 들면 전화번호를 013-6787-7758과 같이 기억하면 01367877758보다 쉽게 그리고 더 오래 기억할 수 있다.

◌ 메모하기

작업기억에서 정보가 사라지기 전에 메모를 하면 사라진 기억을 다시 꺼낼 수 있다. 메모지에 메모할 수도 있고 스마트폰에 메모할 수도 있다. 항상 메모할 준비가 되어 있어야 작업기억을 사용할 때 도움을 받을 수 있으므로 메모하기가 습관이 되도록 해야 한다.

⌖ 주의를 기울이기

주의를 기울이면 작업기억이 강화된다. 흘려들은 이야기는 금세 흘러가 버리고 만다. 게임을 하고 있는 아이에게 "창문 열고 환기해라."라고 하면 아이는 나중에 그런 말을 들은 적도 없다고 하기도 한다. 게임에 집중하느라 말에 주의를 기울이지 않았기 때문이다. 가게에 물건을 사러 가다가 개울을 건너는 사이 무엇을 사러 가고 있었는지를 잊었다는 옛이야기도 주의를 기울이지 않으면 금세 잊는다는 교훈을 나타낸다.

배경지식

듣기와 읽기에서 배경지식은 큰 역할을 한다. 배경지식은 아이들만 필요한 것이 아니고 누구나 정보를 이해하기 위해서 필요하다. 예를 들어 다음과 같은 이야기를 들었다고 하자.

미래의 직업은 고정불변한 상태로 있지 않으므로 창업과 창직에 관심을 가져야 합니다. 창업·창직 정신은 달리 말해서 '기업가 정신' 또는 '앙트레프러너십(Enterepreneur ship)'이라고 합니다. 세상을 혁신적으로 바꾸는 정신, 문제를 창의적으로 해결하는 정신은 창업가뿐 아니라 직장인에게도 반드시 필요한 정신입니다. 2015개정 교육과정에서는 진로교육을 할 때 창업과 창직을 비중 있게 다루지는 않습니다. 그러나 앞으로는 학교에서도 창업과 창직에 대한 교육이 비중 있게 다루어져야 합니다. 지금 초·중·고에 다니고 있는 학생이라면 개인적으로라도 창업과 창직에 관심을 가질 필요가 있습니다.

이 말을 제대로 이해하려면 창업과 창직이라는 낱말을 알아야 한다. 대부분 창업은 알지만 창직이라는 낱말은 낯설어한다. 창직은 새로운 직업을 만드는 것을 말한다. 코로나 팬데믹으로 새로 생긴 '온라인 우울 상담사' 같은 직업은 코로나 이전에는 없었던 직업이다. 이렇게 직업을 만드는 것을 창직이라고 한다.
학생의 진학을 상담하기 위해 학생과 학생 엄마가 찾아왔다. 선생님은 모 대학의 '앙트레프러너십 전형' 안내문을 가리키며 이 전형에 도전해 볼 만하다는 말을 하였다. 이를 처음 본 엄마는 '앙트레-프러너-십'이라고 띄어 읽어야 하는지, '앙트-레프러너-십'이라고 읽어야 하는지도 모르겠고 뜻을 모르니 전형이 어떤 특징이 있는지도 알 수 없었다. 알지 못하니 거부감이 들어 선생님에게 "그 전형은 우리 아이와는 맞지 않아 보여요."라고 했다. 앙트레프러너십에 대한 배경지식이 있었으면 이 전형이 있는 대학에서는 창업론 등 창업 관계 과목을 많이 배울 기회를 제공하지 않을까 하고 기대를 해 볼 수도 있었을 것이다.

듣기에서 배경지식은 상대방의 말을 판단해서 듣는 데 꼭 필요하다.

토론자 A가 주장했다.

"사형제도는 사형이 두려워서 범죄를 하지 않도록 하는 효과도 있지만 너무 형벌이 크기 때문에 현실 감각을 무디게 해서 범죄를 조장하는 결과가 되기도 한다."

청중은 '조장'을 '조정'으로 들었다.

'범죄를 조정한다는 말은 범죄를 예방한다는 말과 같은 뜻이 아닌가? 그렇다면 토론자 A는 사형제도에 찬성하고 있나?'

이는 어휘에 대한 배경지식이 부족해서 생긴 듣기 오류에 해당한다.

"최현배 선생은 한글학회 사건으로 영어의 몸이 되었다."

학생은 최현배 선생이 한글학회 사건 이후 우리말을 못 쓰게 되자 영어를 사용했다는 말로 들었다.

한자 어휘에 대한 배경지식이 없으면 오해를 할 수 있는 어휘들이 있다. 추측한 의미가 의심스러우면 사전을 찾아서 의미를 확인해야 한다. 초등학교 4학년 때 독서를 하면서 모르는 어휘가 나오면 사전을 찾아보라고 배운다. 그 이후 모르는 어휘는 계속해서 사전을 찾아서 확인하는 습관을 가져야 한다.

국어 시간에 텍스트 중에 구개음화 현상이 나타나는 단어가 나오자 선생님이 경상도 억양으로 '구개음화'라고 했다. 학생은 책에다 '국애음마'라고 적었다.

학생이 경상도 억양에 대한 배경지식이 있었다면 무슨 말인지 한 번쯤은 의심을 했을 것이다. 배경지식이 없으면 이해하지 못하고 오해하게 된다. 어떻게 해야 배경지식을 많이 쌓을 수 있을까?

일상생활에서도 지식이 쌓인다. 경상도 억양은 경상도 억양을 쓰는 사람을 만나거나 매체에서 경상도 억양을 듣고 지식을 얻을 수 있다. 그러니 일상생활에서 만나는 모든 익숙하지 않은 것들에 대하여 호기심을 가지면 좋겠다.

또 배경지식은 학교 공부를 성실히 하면 쌓인다. 학교 공부는 많은 과목으로 이루어진 지식의 전시장이다. 이 전시장에서 학습을 통하여 배경지식을 길러 두면 청해력 향상에 큰 도움이 된다. 예컨대 지구과학 시간에는 지각이 여러 개의 판으로 구성되어 있고, 이 판들이 이동한다는 것을 배운다. 이 수업에서 학습을 잘 했다면 튀르키예와 시리아 지진 참사에 대한 다음과 같은 이야기를 이해할 수 있다.

튀르키예는 아랍·아프리카 대륙판과 유라시아 대륙판이 충돌하는 경계 지점인 아나톨리아 대륙판에 있대. 아나톨리아 대륙판은 남쪽에서 압박하는 아랍·아프리카 대륙판과, 북쪽의 유라시아 대륙판의 마찰과 충돌 속에 서쪽 방향으로 떠밀려가고 있대. 그래서 판 사이에 압력이 쌓이고 있는데, 이 압력이 지진을 일으키는 원인이래.

독서를 통해서도 배경지식이 쌓인다. 영상이나 이미지를 통해서도 배경지식은 쌓이지만 독서를 통해 쌓인 지식은 생각과 검증이 더 많이 이루어지면서 쌓인 지식으로 가치가 있다. 공부와 입시에서도 독서 능력을 중시하는 이유가 독서 능력을 쌓기 위해 읽어온 책에서 배경지식을 많이 쌓았을 것이고, 이렇게 쌓아둔 배경지식을 필요할 때 꺼내 쓸 수 있기 때문이다.

그런데 지식은 뇌에 저장되어 있어야 꺼내 쓸 수 있다는 점에 주목해야 한다. 즉 지식을 장기기억으로 저장해 두어야 배경지식으로 사용할 수 있다는 것이다. 장기기억으로 저장해 두기 위해서는 반드시 복습을 해야 한다. 에빙하우스가 장기기억을 위해서는 복습을 해야 한다고 주장한 것은 이미 100년이 넘는 과거의 일이다. 그런데 에빙하우스의 망각곡선은 지금도 유효하다.

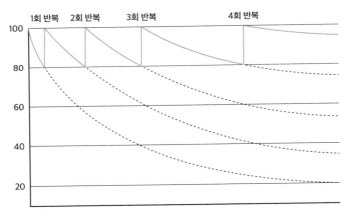

에빙하우스의 망각곡선

한 번 학습하고 이틀이 지나면 70%를 망각하게 되고, 일주일이 지나면 80%를 잊어버려 희미한 기억의 그림자만 남는다. 하지만 하루 지나 복습하고 또 이틀 지나 복습하고 며칠 뒤 또 복습하는 과정을 가지면 학습한 모든 것이 장기기억에 저장된다. 학교에서 배운 것을 집에서 5분 안에 간단히 복습하고, 다음 시간이 시작되기 전에 다시 한 번 보고, 주말에 한 번 더 회상해 보고, 시험 공부하면서 몇 번을 더 보면 완벽하게 장기기억에 남아 평생을 기억하게 된다.

100년도 넘는 과거에도 배경지식에 대한 관심이 있었다. 1910년에 존 듀이는 자신의 저서 《하우 위 싱크》에서 다음과 같이 이야기했다.

"제한된 어휘력은 제한된 경험 때문일 수 있으며 많은 단어의 사용을 요구하지 않는 너무 좁은 대인 접촉 때문일 수 있으며 또한 부주의와 산만함 때문일 수 있다. 나태한 마음의 틀은 언어를 분명하게 구분하는 것을 싫어하게 만든다. 사실상 모든 사건과 조건에 해당되는 거시기와 같은 불분명한 용어를 선호하면서 단어를 느슨하게 사용한다."

듀이는 아동이 경험이 적고, 대인관계가 좁거나, 부주의하고 산만해서 어휘력이 떨어진다고 지적하였다. 이러한 상태로는 지식을 전달하고 생각을 돕는 도구로 언어를 사용할 수 없다는 주장이다. 이 주장은 어떤 아이는 배경지식을 늘리려는 노력을 하지 않는다는 말로 해석할 수도 있다.

맥락 속에서 이해하기

청개구리 엄마가 숨을 거두면서 청개구리에게 유언을 했단다.

"내가 죽으면 저 강가에 묻어다오."

청개구리는 엄마가 죽은 뒤에야 정신을 차리고 엄마의 유언을 지켜 무덤을 강가에 만들고 비가 오면 무덤이 떠내려갈까 봐 운단다.

청개구리 엄마는 청개구리가 늘 하지 말라는 일은 반드시 하고 하라는 일은 반드시 하지 않자 숨을 거두면서 강가에 묻어달라고 유언을 남겼다. 청개구리는 그 말을 곧이곧대로 듣고 엄마를 강가에 장사 지냈다.

청개구리가 엄마의 말에 담긴 의도를 파악했다면 이번에도 엄마가 하라는 것과 반대로 했어야 했다. 그런데 청개구리는 엄마의 말에 담긴 의도를 파악하지 못했다. 이제야 착한 아들이 된 청개구리는 큰 잘못을 저질렀다.

말하는 이의 의도를 파악하기 위해서는 맥락 속에서 말이 어떤 의미를 갖는지를 파악해야 한다. 의사소통은 맥락을 빼고는 의미를 알기 어렵다. 또는 의미를 오해할 수도 있다.

우리가 사용하는 어휘에는 동음이의어가 많다. 문자 활동을 할 때는 동음이의어를 구별해 주는 한자나 외국어 등의 보조 수단을 사용해서 의미를 명확히 할 수 있다. 한자를 쓰면 의미 전달이 분명하다는 주장 역시 이런 상황을 염두에 둔 말이다. 그러나 말하기와 듣기 상황에서는 한자를 써서 보여줄 수도 없고 다른 보조 도구를 사용할 수도 없다. 오직 맥락에 기대어 서로 이해하는 수밖에 없다.

유준: 《무슨 영화를 보겠다고》라는 책을 보았어.

시아: 부귀영화를 멀리 하자는 내용이야?

유준: 아니, 유형별로 10편씩 100편의 영화를 소개한 책이야.

시아: 그래? 난 또 부귀영화 얘긴 줄 알았네.

'영화'라는 같은 발음을 가진 단어로 인해 책의 내용을 다른 것으로 오해한 상황이다.

'무슨 영화를 볼 거야?'라는 말은 영상을 의미하는 말임에 분명하지만 '무슨 영화를 보겠다고'라는 말은 영상을 의미할 수도 있고 부귀영화를 의미할 수도 있다. 그런데 시아는 유준이가 발음하는 '무슨 영화를 보겠다고?'의 어조에서 부귀영화를 뜻하는 말로 들었다. 유준이가 한탄하는 어조나 자조적인 어조로 말했다면 시아는 그렇게 듣게 되고 들은 대로 해석하게 된다.

시아: 테이블에 못 보던 게 있더라. 그게 뭐야?

유준: 응, 너 먹어.

시아가 무엇이냐고 물었으므로 유준이는 무엇이라고 답을 했어야 했다. 만약 아이스크림이라면 아이스크림이라고 했어야 하는 상황이다. 그런데 유준이는 '너 먹어.'라고 말했다. 유준이가 하는 말의 맥락은 테이블 위에 있는 것은 아이스크림인데 네가 먹어도 된다는 의미를 담고 있다. 유준이는 시아가 테이블 위에 놓은 것이 무엇인지 물어본 상황을 테이블 위에 놓인 아이스크림을 먹고 싶어 한다는 맥락으로 파악하고 있다.

아내의 부탁으로 장을 보러 갔었다. 시금치 한 단에 2,000원이었다. 아내가 사달라는 목록에는 없었지만 프리타타를 만들어 먹기 좋아 보여서 한 단을 샀다.

아내: 이 시금치 얼마에 사 온거야?

남편: (내심 당황하며) 2,000원 줬는데. 왜?

아내: 영수증에 2,000원이라고 찍혔는데 매장에서 2,000원이라고 했나 궁금해서.

남편: 어, 그래.

집에 와서 아내가 시금치가 얼마였는지 물어본다. 남편은 아내가 시금치가 비싼데 왜 샀느냐고 하려는지 아니면 잘 샀다고 하려는지 모른다. 아내의 질문이 맥락을 알 수 없는 이야기이므로 남편은 당황하고 있다. 아내가 남편에게 질문의 진의를 전달하기 위해 잘 샀다는 말을 해 주어야 남편이 당황하지 않는다. 대화가 잘 이루어지지 않으면 남편은 아내가 질문한 의도를 오해하고 아내는 남편의 당황한 마음을 모른 채로 지나가게 된다. 이런 일이 계속 반복되다 보면 조금씩 앙금이 쌓이고 마음에 벽이 생기게 된다. 맥락 속에서 말을 이해하는 것이 중요한 만큼 맥락을 오해하지 않도록 잘 말하고 잘 듣는 것이 중요하다.

말은 직설 화법만으로 이루어지지 않는다. 때로는 반어와 역설이 사용되기도 하고 대화 전체가 반어와 역설일 수도 있다.

아버지와 아들이 목욕탕에 갔다. 열탕에 들어간 아버지가 "어이, 시원하다."라고 했다.

아들이 발을 담가보더니 "아빠는 거짓말쟁이야. 뜨겁지 뭐가 시원해?"라고 했다.

썰렁한 옛날 유머다. 시원하다는 말이 뜨거워서 속이 시원하다는 뜻으로 쓰이지만 맥락을 알아야 반어로 판단할 수 있다.

시아: 생명체를 복제할 수 있는 세상이 되었잖아? 생식세포가 아니라도 체세포로도 복제를 할 수 있다고 하니 인구 문제는 다른 방식으로 해결하려고 하지 않을까? 아마도 나중에는 인구가 절대적으로 부족하게 되면 인간을 복제해서 만들어 내는 공장이 생기지 않을까? 이미 우리 주변에는 복제 인간이 있대, 발표를 안 해서 그렇지.

유준: 이미 헉슬리가 《멋진 신세계》에서 인간을 공장에서 만들어 내는 세상에 대해 소설로 썼거든. 그런데 그게 1932년이니까 거의 100년 정도 된 이야기야. 그 때 이미 그런 기술이 있었고 복제 인간도 있었는데, 그걸 보고서로 쓰지 않고 소설로 쓴 거야.

유준이의 말은 시아의 의견에 동조하는 말일까, 시아가 잘못 알고 있는 사실을 깨우치기 위해 하는 말일까?

유준이는 시아가 말한 복제 인간이 현재 우리 주변에 있다는 말을 부정하면서 면박을 주기보다는 시아의 말에 동조하는 척하면서 시아가 자신이 가진 정보가 틀렸다는 것을 깨닫도록 더 엉뚱한 이야기를 하고 있다. 맥락을 빼놓고 보면 유준이는 시아의 말에 동조하고 있는 것처럼 보이지만 이어지는 대화를 보면 상황이 분명해진다.

시아: 진짜 1932년에 복제 인간이 있었다고? 그 기술은 누가 개발했대? 어디 나온 얘기야?

유준: 지금도 장기 수준의 복제를 하기 어려워 기증자를 찾고 있는 일이 얼마나 많은데 복제 인간이 있겠니? 네가 엉뚱한 얘기를 하니까 해 본 소리지.

유준이는 시아의 말을 정확한 정보가 아니라고 판단했지만 직접 부정을 하지 않고 다른 사례로 돌려서 시아가 스스로 자신의 견해가 잘못되었다고 판단하기를 바란 것이다. 맥락을 중심으로 이야기의 참뜻을 파악해야 바르게 들을 수 있다.

듣기 능력은 맥락을 읽을 수 있어야 향상된다. 맥락을 읽지 못하는 이유는 대체로 깊이 생각을 하지 않기 때문이다. 듣기가 교실 상황에 머무르고 독서도 교과서 독서에 머무르면 의심하지 않고 있는 그대로 받아들이는 자세가 고착된다. 기본 개념에 대한 설명을 그대로 받아들이는 데 익숙해지기 때문이다. 청개구리가 엄마의 유언을 더 생각해 볼 여지를 두지 않고 곧이곧대로 실행하는 것과 같다.

생각하기는 토론을 통해서 훈련할 수 있다. 특히 독서 토론은 생각을 길러주는 데 크게 도움을 준다. 책을 읽으면서 학생은 토론 거리와 발표 거리를 준비하기 위해 책의 내용을 잘 파악하려고 머리를 쓴다. 정보의 진위나 의도도 따져 본다. 또한 반론에 대비하기 위하여 책 내용은 사실에 부합하는지 더 알아봐야 할 것은 없는지 등을 고려하게 된다. 그 다음은 토론에서 내용을 발표하게 되고 다른 토론자의 말을 들으면서 자신의 생각을 수정한다. 이 과정에서 맥락을 따라 생각하고 듣는 훈련이 이루어진다.

읽기 훈련처럼 듣기 훈련하기

우선 듣기 훈련은 잘 읽기 방식, 즉 문해력을 기르기 위해 연습했던 방식을 원용하면 가능하다. 듣기와 읽기가 같은 방식으로 이루어진다는 것을 수긍했으면 읽기 훈련을 하는 과정과 같은 방식으로 듣기 훈련을 하면 능숙한 듣기 전문가가 될 수 있다는 말도 수긍이 될 것이다. 그러나 듣기가 읽기와 다른 점을 알고 있어야 읽기 훈련을 듣기 훈련으로 올바르게 가져올 수 있다.

읽기는 앞 장에서 무슨 내용을 읽었는지 잊었을 때 바로 이전으로 돌아갈 수 있다. 읽었던 정보가 뒤에 따라 나오는 정보와 어긋날 때도 다시 돌아가 확인할 수 있다. 하지만 듣기는 주의를 기울이지 않아 지나가 버린 정보는 다시 확인할 수 없다. 시간의 흐름 속에서 정보가 파악된다는 점에서 이미지 정보와는 차이가 있다는 공통점이 있다. 하지만 읽기는 다시 돌아가 내용을 파악할 수 있고 듣기는 다시 돌아갈 수 없다는 차이점이 있다.

학년별 청해력 훈련법

초등학교 1~2학년 때의 문해력은 글을 익히는 데서 시작했다. 유창하게 글 읽기를 어려워하는 시기이므로 소리 내어 많이 읽어서 유창하게 읽을 수 있으면 목표 달성! 바르고 고운 말을 사용하기, 자신 있게 말하기, 집중해서 상대방의 이야기 듣기 등이 이 시기의 과제이다.

그러므로 이 시기의 듣기 훈련 목표는 '집중해서 상대방의 이야기 듣기'가 중심이 된다. 초등학교 1~2학년은 집중력이 부족한 시기이므로 긴 이야기를 집중해서 듣기는 쉽지 않다. 그래서 동화책을 읽어주고 읽어준 내용을 잘 들었는지 이야기해 보는 놀이 같은 공부가 필요하다.

3학년이 되어야 읽기다운 읽기 교육이 시작된다. 독서를 할 때는 읽을 책의 표지와 그림을 보고 내용을 예상한 다음, 자신의 경험과 관련지어 내용을 파악하면서 책을 읽는다. 읽은 뒤에는 내용을 간추리고 생각을 나누고 생각을 정리하라고 가르친다.

듣기에서도 들은 말을 자신의 경험과 관련지어 이해하고 판단하는 수준에서 듣기 활동이 이루어진다. 읽기 훈련도 그림이 많고 글이 적은 책을 읽는 수준이므로 듣기도 조금 긴 이야기를 듣는 정도의 활동을 하게 된다. 읽기에서 내용 간추리기를 한 것처럼 듣기에서도 내용 간추리기를 한다. 들은 말을 간단히 요약하는 일이다. 내용 간추리기는 상황에 따라서 그때그때 가능한 방식으로 하면 되지만 공부라는 측면에서 보면 글로 요약하는 것이 최선이고 말로 요약한다면 녹음을 하면 좋겠다.

내용을 간추리기 위해서는 집중해서 잘 들어야 한다. 상대는 두괄식으로 자신의 주장을 먼저 내세운 뒤 근거를 들어 자신의 주장을 정당화하는 방식으로 알아듣기 쉽게 말할 수도 있지만, 글과 달리 말은 그런 순서를 지키지 않는 경우가 많다. 따라서 주의를 기울여 듣지 않는다면 말하는 이가 하는 말의 내용을 파악하지 못할 수도 있다.

인터뷰를 한 뒤에 편집을 해서 방송에 나오는 경우 전후 이야기를 제거해서 내용이 완전히 달라지기도 한다. 그런 일을 겪고 다시는 언론과 인터뷰를 하지 않겠다는 이야기를 종종 듣는다. "서울대가 제시한 필독서 100권은 사실 서울대 재학생이 읽을 책으로 제시한 것이다. 그래서 고등학생 때 읽어야 한다는 책도 아니고, 입학본부에서 제시한 책도 아니라 입시에 도움이 된다고 말하기도 어렵다. 하지만 그럼에도 독서는 학습에서 매우 중요하니 책을 많이 읽어야 한다."라고 인터뷰를 했다. 그런데 편집자가 중간은 삭제하고 "서울대가 제시한 필독서 100권은 학습에서 매우 중요하니 책을 많이 읽어야 한다."만 남겼다면 완전히 다른 이야기가 된다. 듣기에서 상대방의 말에 주의를 기울여야 진의를 파악할 수 있다는 말은 이런 내용의 흐름과 관계가 깊다. 중간 내용을 빼먹고 들으면 사실대로 듣지 못할 수도 있다.

　4학년은 3학년과 유사하지만, 차례를 보고 내용 예상하여 읽을 준비를 하고, 읽을 때 모르는 어휘가 나오면 사전을 찾아보아야 한다고 가르친다.

　어휘가 어려워지는 시기이므로 듣기에서도 모르는 어휘가 나오면 메모했다가 사전을 찾아서 알아가는 일이 중요하다. 이야기 도중에 사전을 찾으면 안 된다. 사전을 찾는 동안 진행된 이야기를 이해할 수 없게 되기 때문이다. 그래서 듣기 활동에는 늘 메모장이 필요하다.

독후 활동은 3학년 때와 같다. 책을 읽은 뒤에 하는 독후 활동은 세 가지로 나뉜다. 세 가지란 책에서 말하는 내용은 무엇인지, 그 내용이 적절한지, 주제에 대한 자신의 생각은 어떤지를 드러내는 일이다. 내용을 파악하는 것은 사실적 사고, 내용을 검토하고 비평하는 것은 비판적 사고, 문제에 대한 자신의 생각을 제시하는 것은 문제 해결적 사고에 해당한다.

글을 읽고 생각 나누기는 비판적 사고와 관련된 활동이다. 읽기와 마찬가지로 듣기 활동을 하는 중에 사용된 어휘의 적절성, 문장이나 문맥의 명확성, 의미의 명료성, 논거의 적절성, 주장의 윤리성 등을 비판적으로 검토하는 일이다. 4학년이면 4학년 수준에서 이 활동이 이루어져야 한다.

비판의 기준은 다음과 같다.

① 어휘는 제대로 사용하고 있는지
② 말의 앞뒤는 맞는지
③ 주장에 대한 논거(근거)는 적절한지

④ 주장이 윤리적으로 정당한지

⑤ 주장이 가치가 있는지

⑥ 사고의 폭과 깊이가 잘 확보되어 있는지

여기에 더하여 말하는 이가 하는 말의 목적은 무엇인지를 파악하면서 듣기도 추가하면 좋겠다. 즉 '왜 저런 말을 하는지'를 따져 보면서 듣는 훈련을 해야 한다.

4학년 이후에는 듣는 시간이 점점 길어지는 가운데 내용을 잘 이해하면서 듣는 훈련, 복잡한 내용의 설명하는 말이나 주장하는 말을 듣고 이해하기, 토론에 참여해서 상대의 주장을 듣고 자신이 하고 싶은 말을 정리하여 말하기 등 다양하고 난도 높은 청해력 훈련이 이루어져야 한다.

4장

성적을 높이는 청해력 학습법

듣기의 수준과 유형

학년별로 듣기 학습 수준이 다르다. 듣기 학습 수준은 사실적으로 듣기, 분석적으로 듣기, 비판적으로 듣기 및 추론하면서 듣기로 나눌 수 있다. 저학년 때는 사실적, 분석적 듣기에 해당하는 학습을 하고 고학년이 되면 비판적으로 듣기, 추론하면서 듣기 학습을 한다.

듣기를 이와 같이 수준별로 나눈다는 것이 어색하지만, 어떤 말은 들리는 말을 받아들여 수행으로 옮겨야 하고, 어떤 말은 들은 말을 수용해서 장기기억에 저장하고 절차를 익히는 데 도움을 받아야 한다. 또 어떤 말은 비판적으로 들어야 한다.

사실적 듣기와 분석적 듣기

사실적 듣기 능력은 말을 듣고 내용을 정확하게 파악하는 능력이다. "네가 지금 들은 말이 무슨 뜻인지 말해 봐."라는 질문에 대답할 수 있으면 사실적 듣기 능력이 있다고 할 수 있다.

말하는 이가 하는 말은 듣는 이에게 정보를 전달하는 말이나 생각을 바꾸도록 설득하는 말일 수도 있고 행동을 요구하는 말일 수도 있다. 정보를 전달하거나 설득하는 말을 들으면 어떤 내용인지를 파악해야 한다. 이런 말을 하는 이는 주장에 논거를 달아 이야기할 것이므로 핵심 문장이나 주장이 담긴 문장이 말의 뼈대이고 나머지는 일단 접어 두어야 할 대상이다. 행동을 요구하는 말은 듣는 이가 말하는 이의 요구에 맞는 행동을 하는 것으로 마무리된다.

정보를 전달하는 말은 사실적으로 들어야 하는 말에 해당한다. 아이에게 다음 글을 읽어 주고 무슨 말인지 물어보자.

책을 고를 때는 책의 차례를 보면 원하는 내용이 담겨 있는지 알 수 있어요. 작가는 책에서 하고 싶은 말을 차례로 만들어 책 머리에 제공합니다. 그러므로 읽고 싶은 내용이 있는지를 알려면 차례를 참고하면 됩니다.

Q. 말하는 이는 무엇을 말하고 있나요?

A. 책을 고를 때는 차례를 먼저 봐라.

광화문에 대한 정보가 담긴 조금 더 긴 말을 읽어 주고 무슨 말인지 물어보자.

광화문은 경복궁의 정문이다. 처음에는 그냥 정문이라고 했다가 세종 때인 1425년에 광화문이라고 이름을 지었다. 1592년에 임진왜란 때 경복궁이 불타면서 광화문도 무너졌다. 이후 300년이 지난 1865년에 와서 광화문을 새로 지었다. 한편, 광화문이라고 하면 광화문 경복궁의 정문인 광화문뿐 아니라 광화문 광장을 포함한 광화문 일대를 뜻하기도 한다. '광화문에서 만나자.'라고 하면 듣는 사람은 '광화문, 어디?'라고 되묻는다.

Q. 말하는 이는 무엇을 말하고 있나요?

A. 광화문은 경복궁의 정문이다. 임진왜란 때 불탔다. 1865년에 다시 지었다. 지금은 광화문 일대를 광화문이라고 한다.

기억해야 할 정보가 많으면 들을 때 메모를 해야 한다. 들을 때 언제나 메모를 하는 습관을 들이면 장기기억으로 넘기는 데 도움이 된다. 메모는 메모장뿐 아니라 스마트폰 등에도 할 수 있다.

일기 예보는 듣는 이가 반응을 보일 필요가 없는 정보를 전달하는 말이다.

오늘은 전국이 대체로 흐리고 일부 지역에는 비 또는 눈이 내리겠습니다. 13일 기상청에 따르면 화요일 오전에 전국적으로 비가 내리다가 강한 추위가 예상되는 낮부터는 비가 눈으로 바뀌어 내리는 곳이 있겠습니다. 최대 적설량은 8㎝로 대설특보가 발효될 가능성도 있겠습니다.

예상 적설량은 오늘부터 내일 오전까지 경기남부, 충청, 전북에 3~10cm 이상, 강원남부 내륙은 2~7cm 등입니다. 서울 등 수도권과 전남에 최대 5cm, 강원중북부와 영남 내륙에는 1~3cm의 눈이 쌓이겠습니다.

이 눈은 수도권과 강원 내륙·산지, 경북 내륙에서는 오늘 밤 대부분 그치겠으나 일부 지역은 내일(14일)까지 이어질 전망입니다.

예상 강수량은 강원남부 내륙과 산지 5㎜ 내외, 서울·인천·경기북부, 강원중북부, 경북북부, 경북남서 내륙 5㎜ 미만입니다.

아침 최저기온은 -4~4도, 낮 최고기온은 0~11도로 예상됩니다.

내일은 서울 아침 기온이 영하 10도까지 떨어져 올겨울 들어 가장 큰 한파가 찾아오겠습니다.

황사가 유입되면서 미세먼지 농도는 전 권역에서 '나쁨' 수준을 보이겠습니다. 특히 충청권과 호남권은 '매우 나쁨' 수준으로 예상됩니다. 수도권·강원권·제주권은 오전에, 영남권은 오후에 일시적으로 '매우 나쁨' 수준이 될 전망입니다.

바다의 물결은 동해 앞바다 0.5~2.5m, 서해 앞바다 1.0~4.0m, 남해 앞바다 0.5~2.5m로 일겠습니다. 안쪽 먼바다의 파고는 동해 1.0~5.0m, 서해 1.5~5.0m, 남해 1.0~4.0m로 예측됩니다.

Q. 일기 예보를 듣고 기억나는 정보를 말해 보자.
A. 오후에 눈이 온다. 서울과 수도권에선 5cm가 내린다. 아침 최저 기온은 -4~4도, 낮 최고기온은 0~11도로 예상된다. 황사가 와서 서울의 미세먼지 농도는 나쁨 수준이다.

내가 사는 지역 또는 내가 관심을 갖고 있는 지역의 정보는 기억이 나지만 관심이 없는 사항은 기억에 남지 않는다. 바다에 관심이 없다면 파고에 대한 내용은 들리지 않았을 것이다. 그래서 분석적 듣기는 사실적 듣기와 짝을 이루게 된다. 듣고 있는 말을 분석하여 주제는 무엇인지, 내게 필요한 정보는 무엇인지를 찾을 수 있다면 분석적 듣기를 한 것이다.

사실적 듣기와 분석적 듣기를 하는 과정에서도 모르는 어휘나 개념은 확인을 해야 한다. 예컨대 '안쪽 먼바다'가 의심스러우면 그 뜻을 확인해야 한다. 검색을 해 보면, 기상청이 2021년에 먼바다를 안쪽 먼바다와 바깥 먼바다로 나누어 예보하여 어업과 관광에 도움을 주기로 했다는 것을 알 수 있다. '먼바다'는 붙여 쓰는지도 궁금하면 사전을 찾아봐야 한다. 앞바다와 대를 이루므로 사전에 등재된 어휘일 가능성이 높다. 사전을 찾아보니 먼바다가 있다.

설명하는 말을 듣고 나서 듣는 이는 어떤 행동을 해야 할지 결정하기도 한다. 일기예보를 들은 사람은 '오후에 눈이 온다고 하니 우산을 가지고 나가야겠다.'라고 생각하게 된다.

비판적 듣기
주장하는 말 듣기

주장하는 말은 요지를 잘 파악해야 뜻을 이해할 수 있다. 주장하는 말을 하는 사람은 주로 두괄식으로 말하기 때문에 말의 첫머리를 잘 들어야 한다.

체육 시간분 아니라 학교에서 생활할 때 언제나 체육복을 입으면 좋겠습니다. 하루 종일 의자에 앉아 있다 보면 교복 안감에 땀이 차서 몸에 달라붙는데 교복은 한 벌밖에 없어서 매일 빨아 입을 수 없거든요. 체육복도 언제나 입을 수 있게 허용하면 교복과 체육복을 번갈아 입어서 늘 깨끗한 옷을 입을 수 있습니다.

Q. 화자의 주장을 한 문장으로 말해 보세요.
A. 체육시간이 아니라도 체육복을 입고 생활할 수 있게 해 주세요.

주장하는 말은 비판적으로 들어야 한다. 위 주장에 이어지는 비판적인 의견을 보자.

언제나 체육복을 입고 생활할 수 있게 해 주면 체육시간에 땀을 뻘뻘 흘리면서 농구를 하고 점심시간에는 또 그 옷을 입고 축구를 하고 방과후에는 또 축구를 하고 다음날 그 옷을 또 입고 와서 심하게 땀냄새를 풍길 겁니다. 지금은 체육 시간에만 체육복을 입으니 그렇지 않지만 체육복만으로도 학교 생활을 할 수 있게 되면 예상한 대로 될 겁니다.

주장하는 말에 대해 의견을 다는 것은 비판적 듣기 영역이다. 비판적으로 듣기 위해서는 일단은 주장의 요지를 파악하는 것이 중요하다. 주장에 찬성할 수도 있지만 주장에 반대할 수도 있다. 주장하는 말을 잘 들어야 찬성이든 반대든 할 수 있다. 즉, 자신의 주관을 갖기 위해서도 기본적으로 잘 듣는 것이 선행되어야 한다는 것이다.

주장하는 말은 듣는 이를 설득하는 데 목적이 있다. 그래서 주장하는 말은 모든 상품을 파는 말하는 이에게서 들을 수 있다. 이어지는 내용은 학원에 상담을 간 중학생 엄마가 들은 이야기는 듣는 이를 설득해서 학원에 다니게 하려는 주장하는 말이다.

학년이 높아질수록 공부량이 많아져 시간이 없거든요. 시간이 많을 때 미리 공부를 해 두면 좋습니다. 특히 고등학생이 되면 갑자기 공부가 어려워지고 공부할 양도 많아서 고등학교에 가기 전에 미리 공부를 해 두어야 해요. 그래서 중학교를 마치기 전에 수학과 영어는 고등학교 과정을 다 훑어봐야 하는데 고등학교 과정을 다 배우려면 적어도 중2 때는 시작을 해야 합니다.

> Q. 주장하는 말의 요지는 무엇인가?
>
> A. 중2 때부터는 고등학교 수학과 영어 공부를 선행해서 공부해야 한다.
>
> Q. 정말 그래야 하나?

비판적으로 들었다면 홍보하는 말의 의도를 의심해 보았을 것이다. 그리고 더 많은 정보를 알아보려고 했을 것이다. 그런 뒤에 신중하게 어떻게 해야 할지를 결정했을 것이다. 비판적으로 듣기는 더 신중한 선택을 할 수 있는 힘이 된다.

비판적 듣기의 요소

⋇◎ 어휘 차원

듣고 있는 말이 적절한 어휘를 사용하고 있는지 판단해 본다. 우선, 말에 등장하는 개념어들이 정확하게 사용되고 있는지를 평가하면서 듣는다. 예컨대 화자가 선행 학습은 학습 효율을 높이는 데 도움이 된다고 했다면 화자가 말한 선행 학습의 개념이 예습을 말하고 있는지 확인해야 한다.

말할 때 어휘를 잘못 사용하면 듣는 이에게 신뢰를 주기 어렵다. 듣는 이의 입장에서 말하는 이가 어휘를 잘못 사용하면 말하는 이를 신뢰하기 어렵다. 그 상태로 이야기를 계속 듣게 되면 평소보다 더 비판적으로 듣게 된다.

⍨ 문장 차원

말하는 이가 구사하는 문장이 주술 관계는 분명한지, 문장들의 관계가 분명한지를 평가하면서 듣는다. 특히 주술 관계가 잘 맞지 않으면 듣는 이가 판단하면서 듣는데 어려움을 겪는다.

사람들이 날씨가 더워 생선이 좀 상한 것 같다면 사람들이 잘 사려고 하지 않을 테니까 그럴 때는 사람들이 생선을 잘 사려고 하는지 아닌지를 보고 사람들은 생선을 사려고 할 거거든요.

말하는 이가 의도한 주장을 간단히 말하면 '다른 사람들이 생선을 안 산다면 사지 말라'는 것이다. 그런데 '사람들이'와 '생선이'가 계속 반복되면서 이해할 수 없는 문장이 되었다. 이처럼 주술 관계가 맞지 않게 말한다면 듣는 이는 말하는 이의 말을 의심하게 된다.

주장과 논거 차원

주장하는 말에는 논거가 따라온다. 논거가 합리적인지, 사실에 부합하는지를 평가해서 들어야 한다.

다른 지역에서 나는 방어는 겨울에 모슬포에서 나는 방어의 맛을 따라올 수 없습니다. 겨울 모슬포는 물살이 세고 물도 차가워서 방어가 활발하게 활동을 합니다. 그러다 보면 육질이 단단해져서 다른 지역에서 나는 방어와는 다른 맛을 내죠.

겨울 모슬포 앞바다의 상황이 말하는 이의 주장과 일치하는지, 정말로 방어가 활발하게 움직이기 때문에 육질이 단단한지, 육질이 단단하면 맛이 좋은지 등을 평가하고 신뢰 여부를 결정해야 한다.

주장의 폭과 넓이 차원

말하는 이가 주장하는 것이 더 넓은 차원을 고려하면서 주장하고 있는지, 아니면 지엽적인 문제에 머무르고 있는지를 따져 보아야 한다.

쓰레기 분리수거는 할 필요가 없어요. 지난번에 분리수거한 재활용품을 가져가는 거 보니까 분리수거한 페트병과 플라스틱을 막 섞어서 가져가는 거예요. 이렇게 분리수거한 물건을 구별하지 않고 가져가면 우리가 분리수거를 열심히 할 필요가 없잖아요. 종량제 쓰레기 봉투도 다 쓸모가 없어요. 어차피 다 태워야 할 거면 태우면 그만인데 굳이 돈 주고 봉투 사서 버리라고 하니 이건 옳지 않아요.

듣는 이는 말하는 이가 자신이 한 번 관찰한 일을 근거로 자신의 주장을 뒷받침하고 있지는 않은지 따져 봐야 한다. 성급하게 일반화한 오류를 범한 것은 아닌가? 위의 이야기는 주장하는 말이 단 한 번 관찰한 사실이라는 것은 금세 눈치챌 수 있으니 의심의 꼬투리를 쉽게 잡을 수 있다. 또한 종량제 봉투 무용론은 분리수거와는 다른 사안인데 역시 논거가 감정적이다. 거시적 차원에서 80억 인구가 살아가기 위해 부족한 자원을 재활용하고 탄소 배출을 줄이기 위해 노력해야 한다는 교훈이 의심스러우면 그 문제를 주제로 탐구 활동을 해 보아야 한다.

⨀ 주장의 윤리성 차원

어떤 주장은 그럴 듯해도 윤리적으로 합당하지 않다.

아이들은 어릴 때 엄격하게 키워야 해요. 말을 안 들으면 호되게 야단치고 사랑의 매도 들어야 해요.

그럴 듯한 말이라도 바로 수긍하지 말고 윤리적으로 타당한지 검토해 보아야 한다. '호되게 야단친다'는 말은 언어 폭력을 연상시킨다. '사랑의 매'는 아동학대에 해당한다.

소모성 질환은 체력을 소모시켜 쇠약하게 만드는 질환입니다. 이런 소모성 질환은 잘 먹으면 좋아집니다. 식사를 할 때는 소화 흡수가 잘 되는 고기를 먹는 것이 좋습니다. 이런 고기는 보통 먹는 소고기, 돼지고기, 닭고기보다는 뱀 같은 야생 동물의 고기가 좋습니다.

잘 먹는다고 꼭 병이 좋아진다고 확신할 수 없을 뿐더러 식용으로 허가되어 도축한 가축이 아닌 야생동물을 밀렵해서 식용으로 쓰는 것은 불법이면서 비난받을 행위다.

잘 듣기 위해 알아야 할 말의 종류

듣기 활동은 말의 종류에 따라 듣는 이가 반응해야 할 방식이 다르다. 수동적으로 들어도 될 말도 있지만 듣는 이의 주장을 비판하면서 자신이 해야 할 이야기를 준비해야 하는 듣기도 있다. 들으면서 비판할 말을 준비하려면 뇌가 많은 일을 동시에 처리해야 한다. 즉 훈련을 하지 않으면 그저 듣고 말 가능성이 높다. 청소년기에 훈련을 하면 들으면서 할 말을 준비하는 동시 작업을 할 수 있는 역량이 생긴다.

연설문 듣기

좀 긴 설득하는 말로 연설문을 들 수 있다. 2022년 여름 필즈상 수상자 허준이 교수가 서울대 졸업식 축사를 했다. 좋은 문장, 고급스런 어휘로 이루어진 말이다. 아래 이어지는 내용은 허준이 교수의 축사 내용 일부이다. 자녀에게 읽어 주거나 유튜브에서 전체 내용을 듣고 함께 활동해 본다. 들어서 내용이 파악되는지 듣고 난 뒤에 요약해 본다.

"제 대학 생활은 잘 포장해서 이야기해도 길 잃음의 연속이었습니다. 똑똑하면서 건강하고 성실하기까지 한 주위 수많은 친구를 보면서 나 같은 사람은 뭘 하며 살아야 하나 고민했습니다. 잘 쉬고 돌아오던 어느 은사님의 말씀이, 듬성듬성해진 성적표 위에서 아직도 저를 쳐다보고 있는 듯합니다. 지금 듣고 계신 분들도 정도의 차이와 방향의 다름이 있을지언정 지난 몇 년간 본질적으로 비슷한 과정을 거쳤으리라 생각합니다. 그리고 이제 더 큰 도전, 불확실하고, 불투명하고, 끝은 있지만 잘 보이진 않는 매일의 반복을 눈앞에 두고 있습니다. 생각보다 힘들 수도, 생각만큼 힘들 수도 있습니다.

이제 본격적으로 어른입니다. 실패를 두려워하지 말고 도전하라, 편안하고 안전한 길을 거부하라, 타협하지 말고 자신의 진짜 꿈을 좇

아라, 모두 좋은 조언이고 사회의 입장에서는 특히나 유용한 말입니다만, 개인의 입장은 다를 수 있음을 여러분은 이미 고민해 봤습니다. 제로섬 상대평가의 몇 가지 퉁명스러운 기준을 따른다면, 일부만이 예외적으로 성공할 것입니다. 여러 변덕스러운 우연이, 지쳐버린 타인이, 그리고 누구보다 자신이 자신에게 모질게 굴 수 있으니 마음 단단히 먹기 바랍니다. 나는 커서 어떻게 살까, 오래된 질문을 오늘부터의 매일이 대답해줍니다. 취업 준비, 결혼 준비, 육아, 교육, 승진, 은퇴, 노후 준비를 거쳐 어디 병원 그럴듯한 일인실에서 사망하기 위한 준비에 산만해지지 않기를 바랍니다. 무례와 혐오와 경쟁과 분열과 비교와 나태와 허무의 달콤함에 길들지 말길, 의미와 무의미의 온갖 폭력을 이겨내고 하루하루를 온전히 경험하길, 그 끝에서 오래 기다리고 있는 낯선 나를 아무 아쉬움 없이 맞이하길 바랍니다.

오래전의 제가 졸업식에 왔다면 무슨 이야기를 해줘야 할까 고민했습니다만 생각을 매듭짓지 못했습니다. 그가 경험하게 될 날들이 안쓰럽기도 하고 가슴 먹먹하게 부럽기도 합니다. 여러분은 자신에게 선물할 어떤 축사를 떠올리셨을지 궁금합니다.

수학은 무모순이 용납하는 어떤 정의도 허락합니다. 수학자들 주요 업무가 그중 무엇을 쓸지 선택하는 것인데, 언어를 어떻게 사용할 것인가에 대한 가능한 여러 가지 약속 중 무엇이 가장 아름다운 구조를 끌어내는지가 그 가치의 잣대가 됩니다. 오늘같이 특별한 날 특별한 곳에서 특별한 사람들과 함께하니 들뜬 마음에 모든 시도가 소중해 보입니다. 타인을 내가 아직 기억하지 못하는 먼 미래의 자신으로, 자신을 잠시지만 지금 여기서 온전히 함께하고 있는 타인으로 받아들일 수 있을까 궁금해집니다. 졸업생 여러분, 오래 준비한 완성을 축하하고, 오늘의 새로운 시작을 축하합니다. 서로에게, 그리고 자신에게 친절하시길, 그리고 그 친절을 먼 미래의 우리에게 잘 전달해 주길 바랍니다. 응원합니다. 축하합니다. 감사합니다."

연설은 연사가 대중을 향해 하는 말을 통하여 듣는 이의 생각과 행동에 변화를 촉구하고 자신의 생각에 동조해 주기를 바라는 의사 표현 행위이다. 연설을 들으면서 연사의 말에 동조할 것인지 아닌지를 생각하면서 들어야 한다. 따져 보아야 할 항목은 다음과 같다.

- 연설의 주제는 무엇인가?
- 연설 내용의 의도는 무엇인가?
- 주장은 분명하고 논거는 타당한가?
- 주장이 윤리적인가?

- 연사의 주장을 받아들일 수 있나?

　간단한 연설이라면 다 듣고 기억에 남는 말이나 의미를 적어
본다. 또 듣고 난 소감도 서로 이야기해 보면 좋겠다. '듣고 나
니 무슨 생각이 들었지?'와 같은 물음에 답하는 것이다.

1) 허준이 교수가 말하는 까닭은 무엇인가요?

2) 내용을 요약해 봅시다.

3) 인상 깊은 말이 있었나요? 어떤 말이었나요?

4) 왜 그 말이 인상 깊었나요?

⌕ 강의 듣기

대학입시에서 면접의 한 종류로 강의를 듣고 묻는 말에 답하는 방식을 취하기도 한다. 대학에서 공부하기 위해서는 강의를 잘 듣는 능력이 필요하기 때문이다. 강의 내용이 어려운 것은 아니다. 내용을 집중해서 잘 듣고 중요한 개념은 메모해 두었다가 질문에 대한 답변에 답을 하면 되는데, 이것을 어려워하는 학생도 있다. 그래서 대학은 이 방식으로 면접을 보고 학생을 선별하려고 한다. 어린이라면 EBS에서 제공하는 각종 학습 강의를 듣고 이해하는 연습을 해보면 도움이 된다.

연습은 온라인에서 강의를 들으면서 하면 된다. 요즈음에는 온라인 플랫폼도 많고 대학에서 운영하는 유튜브 채널도 많으며, 국가적으로도 K-MOOC 강좌에 투자를 하고 있어 강의를 듣는 연습을 손쉽게 할 수 있다. 특히 K-MOOC에는 대학 수준의 강좌들도 많이 개설되어 있어 전문지식을 얻는 데도 도움이 된다.

K-MOOC이란 K는 한국형(Korean), M은 수강인원 무제한(Massive), O는 모든 사람이 수강할 수 있으면서 무료(Open), O는 웹 기반 인터넷 수강(Online), C는 학습목표 달성을 위해 구성된 교육 코스(Course)라고 K-MOOC 홈페이지에서 설명하고 있다.

예컨대 강좌 중에 '파이썬을 이용한 기계학습개론'을 선택해
보자. 그러면 다음과 같은 안내를 만날 수 있다.

■ 수업 개요

파이썬 기본 개념 학습

파이썬을 이용한 데이터 수집 기본 개념 학습

파이썬을 이용한 데이터 분석 기본 개념 학습

■ 수업 대상 및 목표

수업대상

- 컴퓨터공학과 학부생 3학년생 이상

수업목표

- 파이썬을 이용한 데이터 분석 기초 개념 학습

■ 이수증 발급 기준

퀴즈	과제	합계
80	20	100
		60점 이상 이수

■ 강의계획

강의 계획은 15차시로 되어 있다. (홈페이지 참조)

면접에서 사용하는 강의 방식도 직접 대면 강의는 아니고 영

상 강의이므로 강의 영상을 보면서 듣는 연습을 하면 된다.

서울대학교에서 운영하는 유튜브 채널인 '서울대학교 Seoul National University'의 샤로잡다 시리즈에도 유익한 영상을 많이 찾아볼 수 있다. 유튜브에서 '샤로잡다'를 검색하면 서울대학교 교수들의 10분 내외의 강의가 매우 많이 나오는데, 듣기 연습용으로도 도움이 되지만 내용도 다양하고 깊이도 있으므로 백과사전적 지식 쌓기에도 도움이 된다.

TED에서 영어 강의도 들을 수 있다. TED는 영어 강의를 연습하는 학생들이 많이 이용하는 채널이다. 자막을 보면서 듣는 것은 듣기 연습을 하는 것이 아니고 읽기 연습을 하는 것임에 유의해야 한다.

코로나 팬데믹으로 2020년과 2021년에는 학교 수업의 대부분이 온라인으로 이루어졌다. 이 사이 학생들의 강의 듣기 실력이 늘었을까? 많은 학생들이 집중을 하지 못했고 수업 내용을 파악하기 어려웠다는 고민을 토로하는 것을 보면 강의를 듣는 실력은 늘지 않았을 것으로 추정된다. 강의를 들을 때의 유의점을 생각해보자.

눈을 마주치고 듣는다

말하는 이를 바라보지 않고 들으면 수시로 다른 생각이 침입

한다. 지나간 이야기에서 들었던 의문에서 벗어나지 못하기도 하지만, 아예 딴생각이 들어 맥락을 놓치기도 한다. 그래서 눈을 마주치면서 들어야 한다. 온라인 수업 때 선생님이 화면 한 구석에 등장해서 설명을 할 때도 선생님과 눈을 마주쳐야 한다.

또한 사람의 눈은 다른 동물이나 영장류의 눈과 달리 검은자위와 흰자위가 있다. 그래서 눈은 많은 의미를 전달해 준다. 그런 이유로 강사의 눈을 바라보면 더 많은 의미를 파악할 수 있기 때문에 잘 들을 수 있다.

⁝ⓒ 반응하면서 듣는다

패션모델 한현민 씨가 MBC에서 방송한 〈공부가 머니〉에 출연한 적이 있다. 그날 녹화에서 가수 이대휘 씨가 한현민 씨한테 공부를 잘하려면 계획을 세워야 한다고 말했다. 현민 씨는 대휘 씨의 말에 "아하, 그렇구나~."와 같이 큰 반응을 보였다. 상대방의 말에 호응을 하면 상대에게 호감을 주는 장점도 있고 자신이 무엇을 이해하고 이해하지 못했는지도 알게 된다. 그러고 보면 이런 반응은 강사를 위한 반응이 아니고 나 자신을 위한 반응이다. 설명을 들으면서 반응을 하면 내용을 놓치지 않고 잘 들을 수 있게 되며, 졸음도 사라지는 부수적인 효과도 있다. 말을 하니 답답함도 줄어들고 기분도 좋아진다.

다시 되뇌어 본다

아무도 들어주지 않아도 다시 되뇌면 내용을 기억하는 데 도움이 된다. 비대면 수업에서 음소거가 되어 있다면 소리를 내어 되뇌어도 된다. 물론 다른 사람들이 같이 듣고 있는 상황이라면 속으로 되뇌어야 한다. 선생님이 "참외는 채소야."라고 말씀하시면 따라서 '참외는 채소란 말이지.'라고 되뇌는 식이다. 물론 수긍이 되지 않거나 의문이 생기면 되뇌지 않고 한쪽에 적어두거나 나중에 질문 쪽지를 써야 한다.

질문을 한다

강의를 듣고 멋진 질문을 한 학생에게 점수를 주겠다고 하는 경우가 있다. 좋은 질문을 한다면 듣기는 최고 수준에 이른 것이다. 수업을 잘 듣고 있다가 질문을 하면 선생님이 그 질문에 집중을 하게 된다. 예습을 하면서 좀 더 근본적인 질문을 준비하고 적당한 시기에 질문을 해서 자신을 드러내면 빨리 인정을 받게 된다. 기자회견에서 멋진 질문을 하는 기자처럼 질문을 해서 본질에 접근하기 위해서는 생각을 하고 질문해야 한다.

라디오 방송 듣기

말하는 사람의 입이 보이지 않는 상황에서 듣기는 쉽지 않다. 방송은 시간과 함께 지나가 버리므로 전화로 상대방의 말을 듣는 것과는 차이가 있다.

라디오 출연자들의 발음은 비교적 정확하므로 주의를 기울여 들으면 듣기에 실패하지는 않는다. 그러나 말하는 이의 입 모양이 보이지 않고 말의 속도도 내가 원하는 속도보다 빠를 수 있으므로 라디오 듣기도 훈련이 필요하다. 외국어 듣기를 할 때 가장 어려운 듣기가 라디오 듣기고 다음이 전화 듣기라고 하는 데는 이유가 있다.

듣기 평가도 라디오 듣기와 비슷한 상황이다. 수능 언어영역에서 듣기평가가 있었던 시대가 있었다.

이제 여러분은 거미에 대한 이야기를 듣게 됩니다. 잘 듣고, 이 이야기의 내용과 일치하는 사실을 고르십시오.

거미는 거미줄을 치기 위한 실을 자신의 복부 속에 있는 여러 개의 실샘에서 뽑아냅니다. 보통 이 실샘은 손가락 모양으로 솟아오른 돌기를 통해 몸 밖과 연결되어 있습니다. 그리고 이 돌기의 개수는 6개에서 8개 사이로 거미의 종류에 따라서 다소 차이가 납니다. 또, 각 실샘은 서로 다른 종류의 실을 뽑아내는데, 이 실들은 거미줄을 엮는 다든가 알집을 만드는 것 같은 일에 각기 다르게 쓰입니다. 간혹 한 곳의 실샘에서 나온 실로만 거미줄이 만들어지기도 하나 대부분 두 개 이상의 실샘에서 나온 실을 서로 엮어서 그물을 짭니다. 실이 돌기 구멍에서 나올 때에는 액체 상태나 공기에 닿자마자 딱딱하게 굳 습니다. 거미줄이 매우 허술해 입김을 불기만 해도 부서져 버릴 것 같 아 보이나 그렇지 않습니다. 나비나 곤충이 붙잡혀 아무리 발버둥을 쳐도 끄떡없을 정도로 튼튼한 것을 여러분은 보신 적이 있을 것입니 다. 실의 질기기로만 따진다면 강철보다 질깁니다.

1. 이 이야기의 내용과 일치하는 사실은?

① 거미줄은 고체 상태로 나온다.

② 거미는 같은 종류의 실을 뽑아 낸다.

③ 거미의 돌기 수는 여섯에서 여덟이다.

④ 거미는 꽁무니에 실샘을 가지고 있다.

⑤ 거미줄과 강철은 성질이 같다.

강연 듣기

강연장에서 강연을 들을 때는 강사에 주목하기만 하면 강의 내용을 파악하는데 큰 어려움은 없다. 강사가 강의 관련 자료를 제시한다면 강사의 말에서 얻는 정보를 관련 자료를 통해 얻는 정보로 보강하므로 듣기 활동은 어렵지 않게 이루어진다.

2022년 6월 20일 나로우주센터에서 발사된 누리호가 궤도에 안착했습니다. 1단 분리를 시작으로 페어링 분리, 2단 분리, 3단 엔진 점화, 성능 검증 위성 분리, 위성 모사체 분리 등이 순조롭게 성공적으로 이루어졌습니다. 목표 고도인 700㎞에 도달한 누리호는 성능검증위성을 적정 속도로 궤도에 밀어내는 과정에도 성공했습니다. 누리호는 목표 고도에 도달하는 순간을 기점으로 3단 엔진이 정지됩니다. 위성은 초속 7.5㎞의 속도로 목표 궤도의 오차 범위 내에 안착한 것으로 확인됐습니다.

우리나라가 로켓 발사에 성공한 것은 1993년 한국항공우주연구원이 개발한 과학관측 로켓 과학1호가 발사가 처음이었습니다. 이 로켓은 충남 태안군 안흥종합시험장에서 발사했습니다. 로켓은 포물선을 그리며 최대 고도 36.8㎞ 상공까지 솟아올랐으며 3분 8.5초 동안 87.5㎞를 비행한 뒤 서해 바다에 떨어졌습니다. 과학1호는 비행시간

동안 로켓에 탑재된 관측 장비를 이용하여 한반도 상공의 오존층 상태 및 대기오염의 실태 등을 파악하여 전송해 왔습니다. 이 로켓은 비록 1단 고체 추진의 초보적인 실험 로켓이지만 우리나라도 인공위성 등을 실어 나를 수 있는 로켓 개발의 첫 관문을 돌파했다는 점에서 의의가 큽니다.

이후 한국항공우주연구원은 2002년부터 우주발사체를 개발하기 시작하여 나로호라는 이름으로 2009년과 2010년, 2013년 세 차례 발사했습니다. 1단 로켓은 러시아가 개발한 엔진을 사용하였고 2단 로켓은 자체 제작한 8t급 고체 로켓을 사용하였습니다. 나로호는 한·러 협력을 통해, 러시아의 1단 액체 로켓과 우리의 2단 고체 로켓을 결합하는 형태로 개발하였던 것입니다. 1차 및 2차 발사는 각각 페어링 미분리와 공중 폭발로 실패하였습니다. 텔레비전으로 발사 모습이 중계되었는데, 실패하는 장면을 본 모든 국민들이 아쉬워했습니다. 3차 발사에서는 나로과학위성(STSAT-2C)을 지구 저궤도에 올려놓는 데 성공하였습니다.

그런데 우주발사체의 가장 중요한 1단 엔진이 러시아제였기 때문에 한국의 우주발사체라고 하기는 어려웠습니다. 그러나 이제 발사에 성공한 누리호는 1단 액체 엔진을 비롯한 모든 부품이 순수 국내 기술로 개발된 진정한 한국의 우주발사체입니다. 누리호는 75t급 액체 엔진 4개를 묶은 1단, 75t급 액체 엔진 1개로 이뤄진 2단, 7t급 액체 엔진 1개인 3단으로 구성되어 있습니다. 이 모든 로켓을 우리 기술로 개발하였습니다.

이제 우리나라는 자랑스럽게도 우리 발사체로 우리 위성을 쏘아 올릴 수 있는 역량을 가진 나라가 되었습니다. 세계 7대 우주강국 진입에 성큼 다가서게 된 것입니다. 위성 발사가 가능한 국가는 러시아(1957년), 미국(1958년), 유럽(프랑스 등 1965년), 중국과 일본(1970년), 인도(1980년), 이스라엘(1988년), 이란(2009년), 북한(2012년) 등이 전부입니다. 그러나 이 중 이스라엘과 이란, 북한은 300kg 이하 위성의 발사 능력만 갖추었을 뿐이라서 여섯 나라에 이어 우리나라가 위성을 쏘아올릴 수 있는 일곱 번째 나라가 된 것입니다.

누리호를 자체 개발해서 발사하게 된 효과는 이루 말할 수 없이 큽니다. 우선 해외 기술력에 의존하지 않고 자체 발사 기술을 바탕으로 우주개발 사업을 추진할 수 있게 되었습니다. 우리가 인공위성이 필요할 때 다른 나라의 배려를 바랄 필요가 없어진 것입니다.

또한 민간이 우주 산업에 참여할 수 있는 바탕도 마련하게 되었습니다. 2010년에 개발이 시작된 누리호 사업에는 국내 300여 개의 기업이 참여했습니다. 특히, 로켓엔진과 총조립 등 핵심기술은 민간기업 주도로 이루어졌습니다.

우리 국방력 강화에도 큰 도움이 됩니다. 군사 위성을 언제든 우리 힘으로 발사할 수 있는 길이 열렸기 때문입니다. 또한 우주 발사체 기술은 대륙간탄도미사일(ICBM) 기술과 본질적으로 같기 때문에 발사체 끝에 위성 대신 탄두를 탑재하면 미사일이 됩니다.

한국항공우주연구원은 누리호와 동일한 성능의 기체를 2027년까지 4번 더 발사할 예정입니다. 2023년과 2024년, 2026년, 2027년에 쏠 예정이며, 모두 위성을 실을 계획입니다. 2차 발사의 성공으로 '누리호 개발사업'의 주요 과정은 끝났지만, 기술 성숙도를 높이기 위해 반복해서 여러 번 발사를 합니다. 그리고 이러한 과정을 통해 발사체 기술을 민간으로 이전하면서 체계적으로 발사체 종합 기업을 육성하려고 합니다.

우리나라는 누리호 발사에 성공했지만 여전히 기존 우주기술 선진국과의 격차는 큽니다. 국내 우주산업 규모는 2019년 기준 세계 시장의 1% 미만, 한국항공우주연구원의 연구 인력도 미국 항공우주국(NASA) 대비 5%, 우주개발 예산은 미국 대비 1%에 그치는 수준입니다. 앞선 국가들과의 격차를 좁히기 위해서는 정부의 정책적 지원과 투자, 기업의 기술 확보, 대학의 원천기술 연구 등이 동시에 이루어야 합니다. 이렇게 해야 민간이 우주산업으로 수익을 창출하는 시대로 도약할 수 있습니다.

엄마가 아이에게 윗글을 읽어 주고 무엇을 들었는지 물어보자. 천천히 아나운서가 말하듯 읽어 주어야 한다. 200자 원고지 11장 분량이니 전체를 다 읽으려면 5분 30초 정도 걸린다. 길지 않은 분량인 것 같지만 초등학교 저학년에겐 집중해서 듣기 어려운 길이다.

질문	답
누리호를 발사한 날은 며칠이지?	2022년 6월 20일
목표 고도는 몇 km였지?	700km
우리나라가 최초로 로켓 발사에 성공한 것은 몇 년이지?	1993년
그 때 로켓은 어떤 일을 했지?	오존층 상태 및 대기오염 실태 파악
얼마나 높이 날았지?	36.8km
나로호에 대해서 이야기해 봐.	러시아와 합작으로 2009, 2010, 2013년에 세 번 발사했는데 1단 로켓은 러시아가 개발한 것을 사용하고 2단은 우리나라가 개발한 것을 사용해서 진정한 우리 우주발사체라고 하기는 어려웠다. 1차와 2차 발사는 실패했고 3차 발사에서 나로과학위성을 지구 저궤도에 올려 놓는데 성공했다.
누리호 성공으로 세계 몇 번째로 우주발사체를 쏠 수 있는 나라가 되었지?	일곱 번째
누리호 성공의 의의를 말해 봐.	우주산업에 참여할 수 있게 되었다. 만간이 우주 산업에 참여할 수 있는 바탕을 만들었다. 군사 위성을 쏘아 올릴 수도 있고, 미사일도 발사할 수 있어 국방에도 도움이 된다.
앞으로 어떻게 했으면 좋겠대?	선진국과의 격차를 줄이기 위해 정부와 기업, 대학이 손잡고 노력해야 한다.
강연을 듣고 어떤 생각을 했어?	

강연을 들을 때 메모를 하는 습관을 가져야 한다. 심지어 우연히 켠 텔레비전에서 하는 강의를 들을 때에도 메모를 하면 기억에 도움이 된다. 그러나 메모는 말을 문장으로 다 받아적으면 안 된다. 문장을 기억하느라 듣기를 놓치면 안 적느니만 못하다.

> 텔레비전에서 하는 강연을 들으면서 메모를 해보자.
> EBS 방송에서 송출하는 국내외 명사들의 강연이 대표적이다.
> 유튜브나 포털에서 '명사특강'으로 검색해도 많은 강의를 찾을 수 있다.

토론에서 듣기

토론은 상대방의 이야기를 들으면서 비판적으로 판단해야 한다. 비판적으로 듣고 자신이 할 말을 정리해서 자기 차례에 적절한 말을 해야 하는 고급 듣기와 말하기 상황이다. 토론을 주제로 책을 여러 권 쓸 만큼 토론에 대한 이야기는 방대하다. 우리가 사는 세계는 서로 다른 의견을 가진 사람들이 힘을 합하여 만들어 가는 사회이므로 다른 의견을 가진 사람들의 견해 조정을 위해서도 토론이 필요하다.

다른 의견을 가진 사람들이 서로를 존중해 준다는 뜻으로 프랑스의 톨레랑스를 말한다. 톨레랑스는 자신의 신념과 의견이 중요하다면 다른 사람의 의견과 신념도 중요하므로 사회에 해악이 되지 않는 한 모든 의견과 신념이 용인되어야 한다는 뜻을 가지고 있다. 이런 점에서 보면 토론이란 톨레랑스 정신을 구현하는 것이라고 하겠다.

구동존이(求同存異)라는 말은 공통점을 추구하지만 차이점은 그대로 인정한다는 뜻이다. 화이부동(和而不同)은 남과 화목하게 지내기는 하지만 무턱대고 남의 의견을 따르지는 않는다는 뜻으로 논어에 나오는 말이다. 이 두 가지 말을 합하면 공통점을 추구하지만 차이를 인정하고 다른 사람들과 잘 지내지만 남을 무턱대고 따르는 편 가르기를 하지는 않는다는 말이 된다. 이 역시 토론의 정신과 잘 어울린다.

인문·사회학 분야에서는 토론이 학문 발전에 중요한 역할을 한다. 마이클 샌델 교수의 《정의란 무엇인가》 수업 동영상에서 샌델 교수가 보여주는 초대형 토론 수업의 모습에서 알 수 있듯이 토론은 생각을 길러주고 학문적 기틀을 만들어낸다.

독서 지도에서도 토론은 중요하게 다룬다. 독서를 한 뒤 독후 활동으로 자신이 생각을 정리하는 과정을 거치면 생각 나누기 과정에 이른다. 이 생각 나누기가 독서 토론을 하는 과정이다. 다른 사람이 파악한 책의 의미를 듣고 생각을 나누다 보면 미처 생각하지 못한 의미를 찾아낼 수 있게 된다. 그래서 한 사람이 열 권의 책을 읽는 것보다 열 사람이 같은 한 권의 책을 읽고 토론하는 것이 의미가 크다고 말한다.

그 다음 단계는 모든 의견을 종합해서 자신의 견해를 세우는 일이다. 이 단계 중 의견을 나누는 과정에서 말하기와 듣기가 중요한 역할을 한다. 자신의 생각을 조리 있게 말하기도 중요하지만 다른 사람의 견해를 경청하는 일이 더 중요하다. 이 과정이 토론으로 이루어지게 되면 다른 사람의 의견을 들으면서 내 의견과 달라서 생기는 의문점을 파악하고 내가 할 말을 정리해서 내 생각을 발표하는 과정으로 진행하게 된다. 이런 토론에 익숙해지려면 토론을 많이 해보는 것 말고는 달리 방법이 없다. 토론을 자주 하다 보면 이야기를 들으면서 생각을 정리하거나 새롭게 생각을 만들어내기를 할 수 있게 되고, 그 생각을 조리 있게 말하는 역량을 갖추게 된다.

대학입시에서도 가능하면 토론 면접을 하고 싶어 하는 이유가 여기에 있다. 토론자의 주장에 매력이 있는 것이라기보다 잘 듣고 상대의 견해의 문제점을 지적하는 토론자의 모습에 매력이 있다. 말하는 이의 매력만 본다면 연설이 제격이다. 토론은 새로운 생각을 샘솟게 하여 깊은 사고의 결과로 견해의 차원을 높일 수 있는 도구이면서 상대를 존중하여 말하는 태도를 볼 수 있는 마당이기에 많은 대학에서 토론 면접을 도입하고 싶어 한다.

토론 면접을 통해서 전문성뿐 아니라 토론자의 인성과 태도도 평가할 수 있다. 상대 토론자의 주장을 듣고 자신의 주장을 말할 때 상대방을 존중해주면서 말하기, 상대의 말이 끝나기 전에 끼어들지 않기 등이 인성 부분이다.

토론은 형식을 갖추고 하는 방식과 사회자가 적당히 발언할 기회를 주면서 주제에 대한 찬반 의견을 이끌어가는 방식이 있다. 학교에서는 형식이 부드러운 원탁 토론 또는 형식을 갖춘 2인 1조 CEDA(Cross Examination Debate Association)토론을 주로 하지만 여기서는 토론 형식을 다루지는 않겠다. 주장하는 말을 듣고 내용을 비평, 비판하고 자신의 의견을 말하는 것에 주목한다.

학급 회의에서 토론에 앞서 발제자가 발제를 했다.

발제: 에너지 수요가 점점 늘고 있습니다. 산업과 통신 및 교통이

발달하고 밤에도 불을 밝히고 사는 시대가 되었기 때문입니다. 제1의 에너지는 불입니다. 불로 음식을 익혀 먹고, 난방을 하는 등 불은 인류의 초기 생존에 도움이 되었습니다. 제2의 에너지는 석유 등 화석연료입니다. 자동차 등에서 사용하는 내연기관을 움직이는 동력의 대부분이 석유에 의존하고 있습니다. 제3의 에너지는 원자력입니다. 원자력은 원자력 발전으로 전기를 만들어 공급합니다. 제4의 에너지는 자연으로부터 얻는 에너지입니다. 태양열 에너지, 풍력 및 조력 에너지 등이 제4의 에너지 범주에 들어갑니다.

화석 에너지는 매장된 자원이 언젠가는 다 닳아 사용할 수 없게 됩니다. 원자력 에너지는 발전 시설의 안전성뿐 아니라 원자력 발전 폐기물이 인류에게 해를 미칠 수 있다는 우려 때문에 논란의 대상이 되고 있습니다. 제4의 에너지는 발전량을 무제한으로 늘릴 수 없습니다. 태양광 발전 시설은 비가 많이 오는 지역에서는 발전량이 매우 적을 수밖에 없습니다. 바람이 적게 부는 곳에서는 풍력 발전을 하기 어렵습니다. 과학이 더 발전하게 되면 이러한 문제점들도 극복이 되겠지만 현재는 문제점이 있더라도 여러 가지 방법으로 에너지를 얻을 수밖에 없습니다.

그런데 화석연료는 환경 오염과 직접 관련이 있기 때문에 다른 방법으로 에너지를 생산해야 할 필요가 있습니다. 그래서 제3, 제4의 에너지 생산 방법을 연구하고 있습니다. 더 안전한 원자력 발전 방법, 자연으로부터 더 많은 에너지를 얻는 방법이 연구 대상입니다.

에너지 부족에 대응하는 방법은 에너지를 더 많이 생산하는 길 이외에도 에너지를 절약하는 방법이 있습니다. 에너지를 절약하는 것을 제5의 에너지라고 합니다.

토론 주제: 일상생활에서 에너지를 절약하자.

토론자 A: 에너지를 절약하는 방법에는 여러 가지가 있습니다. 에너지를 사용하는 기계나 가전제품의 에너지 효율을 높이는 것은 에너지 절약에 큰 도움이 됩니다. 재생 에너지를 쉽게 얻을 수 있는 기술을 개발해서 화석연료를 대체하는 것도 에너지 절약의 한 방법입니다. 그리고 각 가정에서는 사용하지 않는 가전제품의 전원 차단하기, 냉난방을 할 때 적정 온도 유지하기 등을 실천해야 합니다.

토론자 B: 에너지를 절약해야 할 필요가 있다는 주장은 화석연료가 지구온난화의 주범이기 때문입니다. 엄밀히 말해 화석연료에서 나온 이산화탄소가 주범인 거죠. 그래서 이산화탄소를 줄이기만 하면 굳이 에너지를 절약해야 할 필요가 없습니다. 날씨가 더우면 일찍 지쳐서 공부도 안 되고 부채질하느라 수업에 집중도 못 하는데 에너지를 절약한다고 냉방을 하지 않는다면 숨도 쉬기가 어려울 겁니다. 그러니까 이산화탄소를 산소와 탄소로 분리해서 다시 산소를 만들어내는 기술을 개발하는 것이 먼저 이루어져야 합니다.

1. 발제에서 사실과 의견을 요약해 보자.

사실: 에너지 수요가 늘고 있다. 에너지에는 제1, 제2, 제3, 제4의 에너지가 있다. 화석에너지는 유한하다. 원자력 에너지는 위험 가능성이 있다. 자연 에너지는 불안정하다.

의견: 에너지를 절약하는 것은 제5의 에너지이다.

2. 토론자 A의 주장을 요약해 보자

에너지 효율을 높여야 한다. 재생 에너지 기술을 개발해야 한다. 가정에서 사용하는 에너지를 절약해야 한다.

3. 토론자 B의 주장을 요약해 보자.

이산화탄소를 산소와 탄소로 분리하는 기술 개발이 우선이다.

4. 위의 주장들에 대한 자신의 생각을 말해 보자.

토론을 잘 듣고 송곳 같은 질문을 하면 스타가 된다. 가장 잘 듣고 핵심을 파악하였으며 문제의 본질에 대한 토론자의 발언을 비판적으로 들어야 좋은 질문을 할 수 있기 때문에 좋은 평가를 받는 것이다.

대학입시에서 다 대 다 방식으로 토론 면접을 하기도 한다. 토론은 상대방의 말을 잘 듣고 핵심을 파악해서 자신의 주장과 어떻게 다른지 판단하고 그 판단을 바탕으로 자신의 주장을 논거를 들면서 이야기하는 활동이다. 그러니 듣기와 말하기 모두를 잘해야 한다. 학생들은 토론 연습을 몇 번 하면 금방 실력이 좋아진다. 잘 듣고 말을 잘하는 능력이 어렵지 않게 길러진다. 훈련을 위해서 독서 토론이나 친구들끼리 토론 동아리를 만들어 토론을 정기적으로 해야 한다. 선생님께 코치를 부탁하면 금상첨화이다.

토론 면접에서 눈에 띄는 수험생은 다른 수험생이 발언할 때 쳐다보지 않는 수험생이다. 이 수험생은 다른 토론자의 발언을 듣는 대신 자신이 다음에 해야 할 말을 구상하고 있는 중으로 보인다. 듣지 않고 자신의 주장을 말하면 그 주장은 토론의 맥락에서 벗어난 공허한 외침이 되고 만다. 의견을 주고받는 사이에 고급스런 결론을 추구하는 대화 방식이 토론이다. 대학입시에서 이 방식으로 면접을 하는 이유는 상대의 말을 잘 듣고 자신의 주장을 비판적으로 펼칠 수 있는지 보기 위한 것인데, 듣지 않고 자신의 주장을 외친다면 합격의 꽃다발을 받을 수는 없다. 이런 모습을 보이지 않으려면 평소에 토론을 많이 해보아야 한다. 그래야 듣고 말하기에 익숙해진다.

5장

청해력으로 공부 습관 개선하기

집중해서 듣기

듣기와 읽기는 뇌에서 진행되는 정보처리 과정이 같다고 한다. 문해력을 기르기 위해 훈련하는 과정과 청해력을 기르기 위해 훈련하는 과정은 조금 다르고 대부분 같다. 뇌과학에서는 글을 읽고 정보를 처리하는 것과 말을 듣고 정보를 처리하는 것이 뇌의 같은 영역에서 이루어지고 있기 때문이라고 말한다.

멀티태스킹이 가능하다는 착각

두 권의 책을 놓고 동시에 읽을 수는 없다. 읽기는 순차적으로 진행된다. 한 가지 텍스트를 다 읽고 이해한 뒤에야 다른 텍스트를 읽고 이해할 수 있다. 지금 읽고 있는 이 글과 또 다른 글을 하나 더 펼쳐서 한 단락씩 번갈아 읽거나 왼쪽 눈으로는 이 글을 읽고 오른쪽 눈으로는 다른 글을 읽어보면 두 가지를 동시에 읽는다는 것은 불가능하다는 것을 알 수 있다. 뇌는 한 가지 정보를 처리하고 나서야 다른 정보를 처리할 수 있다.

읽기와 듣기를 동시에 할 수도 없다. 책을 읽으면서 이야기를 들으면 둘 중 하나의 정보만 처리된다. 라디오에서 흘러나오는 뉴스를 들으면서 독서를 동시에 할 수는 없다. 당장 온라인에서 음성 뉴스 하나를 찾아 틀어 놓고 이 책을 읽어 보자. 역시 책에 집중하면 들은 내용을 알 수 없고 듣기에 집중하면 읽은 내용을 알 수 없다. 아니 아예 읽기를 멈춘 나를 발견하게 된다. 음악을 틀어 놓고 공부하면 효과가 떨어지는 것도 같은 이치다. 가사가 있는 노래를 틀어 놓고 가사를 음미하면서는 공부를 할 수 없다.

동시에 두 가지 말을 들을 수도 없다. 옆 테이블에서 말하는 소리에 관심을 기울이는 순간 나와 친구가 하던 대화는 잠시 멈추고 만다. 두 사람이 동시에 다른 관점을 이야기하면 둘 중 한 사람의 이야기 내용만 파악할 수 있다. 두 가지 이야기를 동시에 듣고 파악하려고 하면 모두 소음이 되고 만다.

읽기와 듣기가 이루어지는 브로카/베르니케 네트워크

읽기와 듣기가 동일한 과정으로 이루어진다는 것을 다른 방식으로도 알 수 있다. 독서를 할 때 눈으로 책을 읽으라고 강조하지만 보통 독자는 머릿속에서 어떤 화자가 책을 소리 내어 읽고 있는 것을 느끼게 된다. 글을 읽을 때 나의 내면에서 내 목소리로 글을 읽어 주는 사람이 있는 것처럼 느껴진다.

"신기술 분야에 대한 고급 인재 양성 수요와 첨단 분야 기술 혁신 지원을 위해 석·박사 정원을 1,303명 증원하기로 하였다."라고 쓰인 문장을 눈으로 보면 어느새 이 글을 내 목소리를 통해 속으로 중얼중얼 읽고 있는 것 같다.

로미오와 줄리엣을 읽으면 로미오의 대사는 남자 목소리로, 줄리엣의 대사는 여자 목소리로 들린다. 햄릿의 "To be or not to be, that is the question."이라는 대사는 영화에서 본 어떤 배우가 읊었던 목소리 그대로 내 뇌에서 들리는 것을 알 수 있다. 책을 읽는 일을 하고 있지만 내 뇌는 사실 책의 목소리를 듣고 있는 것이다.

읽기와 듣기가 시작되는 지점은 물론 다르다. 읽기는 눈에서 출발하고 듣기는 귀에서 시작한다. 시각 정보를 받아들이는 뇌와 음성 정보를 받아들이는 뇌는 다른 부분이다. 음성 정보를 이해하는 곳은 뇌의 브로카/베르니케 네트워크라고 한다.

이 네트워크에서는 둘 이상의 청각 정보는 그중 하나만 통과할 수 있게 제어된다. 문자 정보와 청각 정보가 동시에 입력될 때도 같은 방식으로 둘 중 하나의 정보는 제어된다. 뇌과학자이며 하버드대 교수인 재레드 쿠니 호바스 교수는 그의 저서 《사람은 어떻게 생각하고 배우고 기억하는가》에서 읽기와 듣기에 중요한 이야기를 한다. 우리가 뭔가를 읽을 때는 '시각피질'이라는 부위가 가장 먼저 활성화된다. 시각피질은 눈으로 들어오는 광경의 순수한 시각적 특징인 색깔·테두리·움직임 등과 같은 것을 처리하는 곳이다. 무엇을 읽을 때 시각피질이 먼저 활성화된다는 의미는 사람들이 단어를 '읽기' 전에 먼저 '본다'는 것을 의미한다. 그런데 본 것을 이해하는, 읽는 단계로 이행하면서 청각피질과 브로카/베르니케 네트워크도 동시에 활성화된다.

뇌의 브로카 영역과 베르니케 영역은 청각으로 들어온 언어를 이해하고 말을 만들어 의사 표현을 하는 일을 담당하는 부분이다. 그런데 브로카/베르니케 네트워크는 동시에 정보를 처리하지 않고 하나씩 처리한다. 그래서 들리는 모든 소리를 동시에 이해할 수는 없게 되고, 두 가지 읽기 자료를 동시에 읽을 수도 없으며, 들으면서 읽는 것도 불가능하다고 한다.

글을 읽고 이해하고 대응하는 과정과 말을 듣고 이해하고 대응하는 과정이 같다는 말로 이해할 수 있다. 단지 말로만 듣는 것과 문자로 보는 것은 뇌에서 처리하는 부분이 다를 것이라고 추측할 수 있다. 글은 눈으로 보고 판단하는 것이므로 시각 정보를 다루는 부분을 활용하게 될 것이고, 듣기는 청각 정보를 다루는 부분을 활용하게 될 것이다.

청해력을 높이기 위해서는 집중해야 한다

이와 같은 사실에서 생각해 보아야 할 것이 두 가지로 정리된다. 하나는 듣기와 읽기가 동일한 방식으로 뇌에서 처리된다면 잘 듣기 위해서는 읽기 훈련 방식과 동일한 방식으로 훈련을 하면 되겠다는 점이다. 또 하나는 한 번에 한 가지 정보만 처리된다면 잘 듣기 위해서는 듣는 말 중에 한 가지 말에 집중해야 하며, 다른 사람의 말을 들을 때 다른 언어 정보를 처리해서는 안 된다는 점이다.

뇌가 동시에 두 가지 정보를 처리할 수 없다면 이 점을 존중하는 방식으로 학습해야 한다. 초등학교 1~2학년에서 배우는 집중해서 듣기와 같은 덕목을 나이가 들어서도 지켜 나가야 한다. 그런데 현실은 그렇지 않다.

유준이는 선생님이 설명하는 중에 의문이 들면 바로 짝한테 너는 어떻게 생각하느냐며 말을 걸었다. 짝은 선생님께 유준이가 수업 중에 말을 거니 말려 달라고 했다. 선생님은 유준이 엄마한테 전화를 해서 이 사실을 알렸다. 유준이 엄마는 유준이에게 선생님이 설명할 때 의문이 생기면 공책에 짧게 적어 두었다가 나중에 물어보라고 충고했다. 그리고 현관에 '수업 중 짝에게 말 걸지 말기'라고 써 붙인 종이를 아침에 학교에 갈 때 읽고 가게 했다. 얼마 뒤에 선생님이 유준이 엄마에게 전화를 해서 아이의 습관이 좋아졌다고 알려 왔다. 유준이 엄마는 유준이에게 칭찬하는 상장을 만들어 주었다.

　'뇌는 한 가지 정보만 처리한다.'는 사실로 주목해서 들어야 할 수업 중에 선생님의 설명에 의문이 들었다면 설명이 끝난 뒤 질문 시간에 질문을 해야 한다는 것이 과학적으로 증명이 된 셈이다. 수업 중 짝에게 모르는 것을 물으면 안 되는 이유가 과학적으로 밝혀진 것이다. 짝에게 궁금한 내용을 선생님이 설명하고 있는 중에 바로 물어보면 자신도 잘 못 듣고 짝도 잘 못 듣게 되니 당장 물어서는 안 된다. 조용히 공부하는 독서실에서 친구에게 이것저것 묻는 행위도 같은 점에서 좋은 일은 아니다. 읽고 생각하면서 정보처리를 하는데 내가 한 질문이 친구의 정보처리를 뒷전으로 밀어내고 내 질문을 우선 생각하도록 만들기 때문이다. 공부에는 쉬는 시간이 있게 마련이니 그 시간을 이용하면 될 일이다.

짝에게 말을 거는 일만 듣기를 방해하는 것이 아니다. 잘 듣고 있어야 할 상황에서 다른 책을 보면 절대로 잘 듣지 못한다. 라디오 뉴스를 틀어놓고 잡지를 읽고 있어보면 알 수 있다. 뉴스를 들었다면 잡지 내용이 파악되지 않았을 것이고, 잡지 내용이 파악되었다면 뉴스를 듣지 못했을 것이다. 앞에서 언급한 것처럼 브로카/베르니케 네트워크 의 작동 방식 때문이다.

수업 중에 스마트폰으로 친구에게 문자를 보내는 학생이 선생님 설명을 잘 듣고 이해할 수 있을까? 학생은 멀티태스킹을 할 수 있다고 우기겠지만 우리 뇌는 문자 메시지를 보내는 언어 활동을 하는 동안에는 들려온 내용을 파악하는 일은 뒷전으로 밀어 놓고 있음에 틀림이 없다.

집중하는 방법

사람은 소리를 어떻게 듣고 어떻게 소리의 방향을 판단할 수 있을까? 공기를 타고 귀에 도착한 음파가 고막을 자극해서 뇌에 전기신호로 전달된다. 이 정도는 생명과학 시간에도 배우고 심리학에서도 배운다.

소리를 전달받은 뇌는 소리를 이해하는 작업을 한다. 듣기는 뇌에 도착한 소리가 가진 정보를 듣는 주체가 이해하는 행위이다. 그 정보를 가진 소리는 언어이다. 뇌과학에서는 '청각을 통해 들은 정보가 측두엽에 도착하는데 최종적으로는 두정엽에서 정보처리를 한다. 두정엽에서는 다른 경로로 들어온 정보

및 기억된 정보를 총합하여 이해하는 단계에 이른다.'라고 말한다. 이런 과정을 거쳐 '듣기'가 완성된다.

듣기가 중요하다는 생각을 가지고 듣기 자세를 훈련한 사람이 잘 듣는다. 듣기는 말하기보다 중요하다고 한다. 비유적으로는 '입은 하나 귀는 둘'과 같은 명언이 있다. 이렇게 보면 '듣기는 수동적 행위를 넘어서는 능동적 행위'라는 말이 이해된다. 수동적인 행위는 그저 귀로 흘려듣는 것인데 생각을 하면서 듣는 행위는 능동적이고 이어지는 판단과 대응을 낳는다. 능동적으로 생각하며 듣기 위해 들을 때 권장하는 행동들이 있다.

맞장구쳐 주기

말하는 이의 말을 들으면서 적절한 순간에 맞장구를 쳐주면 듣는 사람 스스로 자극이 되어 더 잘 듣게 된다.

고개 끄덕이기

고개를 끄덕이면서 들으면 더 잘 듣게 된다. 그러나 끄덕이기만 하고 딴생각을 하면 안 된다. 목에 스프링이 달린 강아지 인형처럼 고개를 끄덕이면서 딴생각을 하는 학생이 의외로 많다. 선생님은 그 학생이 깊이 이해하고 있다고 믿었다가 시험 성적을 보고 놀라는 경우가 있다.

表情 짓기

말하는 사람의 말을 들으면서 흥미 있는 부분에서 표정을 지으면 기억하는 데 도움이 된다.

감탄사 사용하기

'아하!'와 같이 들으면서 감탄사를 적당한 때에 넣으면 이해하는 데 도움이 된다.

단어 반복하기

말하는 이가 사용한 단어 중 의미 있는 단어나 법칙 등을 따라하면 이해와 기억에 도움이 된다.

문장 반복하기

핵심을 포함한 짧은 문장을 따라하면 기억에 남는다. 말하는 이가 "자세히 보아야 예쁘다."라고 하면 나도 "자세히 보아야 예쁘다."라고 따라하거나 되뇌이는 것이다.

가벼운 질문하기

들으면서 이야기를 방해하지 않을 때 가벼운 질문을 하면 듣고 있는 말을 이해하는 데 도움이 된다.

❂ 화자에게 적절한 용어 말해주기

화자가 이야기 도중 적절한 용어를 기억하지 못할 때 용어를 이야기해주면 그 상황까지 기억이 된다.

듣고 난 뒤에 조언하거나 언쟁하는 일은 좋지 않은 결과를 낳는다. 말하는 이가 요청하지 않은 조언은 말하는 이의 방어 기제를 높인다. 또한 토론과 달리 언쟁은 상대가 나를 적대시한다는 느낌을 주므로 삼가야 한다.

잘 들어주면 말하는 사람은 듣는 사람이 자신에게 호감을 가지고 있다고 생각하게 되어 관계가 좋아진다. 이 점은 친구 관계뿐 아니라 선생님과의 관계에서도 같다.

사람이 문명을 이루게 된 것은 공감능력 때문이라고 한다. 누군가 자신의 경험을 이야기하면 공감하기 때문에 따라하고 더 잘 해보고 싶은 마음이 들어 경험이 누적되어 문명을 이루게 되었다고 한다. 이러한 공감은 잘 듣기에 바탕을 두고 있다.

청자가 화자에게 보여주면 좋은 반응으로는 적절한 평가하기, 해석을 확인하기, 말하는 이의 의견에 대해 지지하기 등을 들 수 있다. 간단히 말하면 잘 듣기 위해서는 다음과 같은 자세가 필요하다.

- 쳐다보면서, 받아쓰면서, 맞장구치면서 듣는다.
- 평가하고, 해석하고, 지지한다.
- 언쟁하거나 조언하지는 않는 것이 좋다.

한편 완전히 듣지 않고 듣고 싶은 때만 듣거나, 듣지 않은 부분에 자신의 생각을 끼워넣고 들으면 제대로 들을 수가 없다. 다음은 스마트폰의 녹음 기능을 이용해서 녹음을 하고 문자화한 것인데, 변환된 문자는 실제 말로 이루어진 것과는 차이가 있다. 잘못 들은 것, 듣기 과정에서 누락된 것 등이 어떤 상황으로 일어나는지 짐작이 된다.

스마트폰이 문자화한 내용을 보면 집중하지 않거나 딴생각을 하고 있어 전체의 의미 구성을 하지 못한 학생이 보인다. 학생이 말하는 이에게 집중하지 않고 강의를 제대로 듣지 않으면 이렇게 들을 가능성이 크다.

원래의 말
고등학교에서 안 배우고 대학에 가서 배워도 된다고 하지만 대학에서는 학업 역량을 갖추기를 더 원할 수도 있다는 거죠. 그러니까 그 공부로 고등학교 공부가 끝난 경우라면 뭐 그런 접근법도 어느 정도 유용하다고 보는데 학문을 계속해서 가르쳐야 되는 사람의 입장에서는 고등학교에서 해야 되는 것들이 하나의 어떤 토대가 되기를 바라고 있는 거예요.

스마트폰이 문자화한 말
고등학교에서 안 배우고 대학에 가서 배워도 된다고 하지만 대학에서는 학업 역량을 갖추기를 더 원할 수도 있다는 거죠. 그러니까 (그 공부로 - 누락) 고등학교 공부가 끝난 경우라면 뭐 그런 적금법('접근법'의 오류)도 어느 정도 유용하다고 보는데 학문을 계속해서 가르쳐야 되는 사람의 입장에서는 고등학교에서 해까지(해야'의 오류) 되는 것들이 하나의 어떤 토대가 되기를 바라고 있는 거예요.

원래의 말
다만 저도 선생님 말씀에 동의하는 부분이 있는데, 고등학교까지의 교육과정과 대학 교육과정의 간극이 너무 커요. 옛날에는 굉장히 많은 것을 가르쳤어요.

스마트폰이 문자화한 말
다만 저도 이제, 뭐야, 정부가 대학의 교육과정 이강국이 너무 커요. ('다만 저도 선생님 말씀에 동의하는 부분이 있는데, 고등학교까지의 교육과정과 대학 교육과정의 간극이 너무 커요.'의 오류) 옛날에는 굉장히 많은 것을 가르쳐 주세요.('가르쳤어요'의 오류)

원래의 말
그때는 고등학교가 마지막 학교인 경우도 많았고 고등학교까지 가르쳐서 빨리 산업에 써먹어야 되니까 학교를 바라보는 관점이 달랐다는 거예요. 그런데 7차 교육과정부터 고등학교 교육과정은 빨리 변했는데 대학은 그거에 대한 준비를 하고 있지 않았던 거예요. 사실 교육부가 그렇게 추진을 할 때 대학한테 이야기를 하면서 같이 준비를 했어야 간극이 멀어지지 않았을 거라고 보는데. 교육부가 말해 주지 않았어요.

스마트폰이 문자화한 말
(그때는 고등학교가 마지막 학교인 경우도 많았고 - 누락) 고등학교까지 가르쳐서 빨리 산업에 써먹어야 되면은('되니까'의 오류) 학교를 바라보는 관점이 달랐다는 거예요. (그런데 7차 교육과정부터 고등학교 교육과정은 빨리 변했는데 - 누락) 대학은 그거에 대한 준비를 하고 있지 않았던 거예요. 사실 교육부가 그렇게 추진을 할 때 (대학한테 이야기를 하면서 같이 준비를 했어야 - 누락) 간극이 멀어지지 않았을 거라고 보는데. 교육부가 말해 주지 않았어요.

필기하면서 듣기

잘 듣기 위해서는 듣는 일에만 집중해야 한다. 그렇다면 들을 때 필기를 하면서 들으면 듣기를 제대로 할 수 없을까?

시간 속에 사라지는 기억을 보완하기 위해 들으면서 필기를 한다. 속기사가 기록을 하듯이 들리는 모든 소리를 문자로 바꾸는 것은 상대의 말을 이해하는 데 목적이 있는 것이 아니고 기록 그 자체에 목적이 있는 것이다. 우리가 필기를 하려는 목적은 듣는 말을 이해하면서 일시적으로 기억되었다 사라지는 기억을 보완하려고 하는 데 있다.

그런데 말을 들으면서 글을 쓰다보면 말에 집중할 수가 없다. 브로카/베르니케 네트워크의 특징 때문이다. 이야기를 듣던 중 모르는 어휘를 사전에서 찾는 것도 듣기에 방해된다. 필기를 하기 위해서 문장을 만들어 가면서 적는다면 듣기의 목적을 달성할 수가 없다. 글 읽기와 말 듣기는 뇌의 같은 경로에서 이루어져 문자 행위를 하다보면 듣기 행위를 통한 내용 이해가 이루어지지 않는다.

필기가 필요한 이유

그럼에도 불구하고 듣기만 잘하고 있을 수는 없다. 인상 깊게 들은 이야기를 제외한 나머지 부분은 기억에서 사라지기 때문이다. 특이한 억양이나 특이한 사례만 기억에 오래 남는다.

"네 소원이 무엇이냐?"하고 하느님이 물으시면, 나는 서슴지 않고 "내 소원은 대한 독립이오."하고 대답할 것이다. "그 다음 소원은 무엇이냐?"하면, 나는 또 "우리나라의 독립이오." 할 것이요, 또 "그 다음 소원이 무엇이냐?"하는 셋째 번 물음에도 나는 더욱 소리를 높여서 "나의 소원은 우리나라 대한의 완전한 자주독립이오."하고 대답할 것이다.

선생님은 윗글을 읽어주면서 종결 어미 '오'와 연결 어미 '요'를 구분하는 것을 잘 기억하라고 "'독립이오.' 할 것이요"에서 '오'를 지나치게 크게 읽고 연결 어미 '요'는 아주 길게 읽어주었다. 나중에 학생들은 어떤 단원에서 무엇을 배웠는지는 기억에 없고 단지 "'독립이오.' 할 것이요"의 어조만 기억하고 있었다.

황순원의 《소나기》를 배우는 단원에서 선생님의 어린 시절 첫사랑 이야기를 들으면 소설 《소나기》와 관련해서 학습한 내용은 거의 생각이 나지 않고 첫사랑 이야기만 생각나기도 한다. 배운 내용을 기록해 두지 않으면 기억에서 사라지고 만다. 그런데 기록하는 동안 듣는 내용을 놓치게 되면 안 적느니만 못한 것이 아닐까?

들으면서 필기하는 올바른 방법

기자회견장에 모인 기자들이 유력 인사의 이야기를 들으면서 손가락으로는 연신 자판을 두드리다가 손을 들고 질문 있다고 외치는 장면이 뉴스 또는 드라마에 심심치 않게 나온다. 이야기를 들으면서 정보를 처리하는 동안에도 훈련을 통해서 타이핑 같은 단순한 일이 자동으로 이루어질 수 있는 능력을 갖

출 수 있다는 것으로 보인다. 걸어가면서도 생각을 하고 식사를 하면서 상대방의 이야기를 듣고 정보를 판단할 수 있는 것은 두 가지 언어 활동을 동시에 할 수 없다는 것과는 다르다. 즉 이야기를 듣고 정보처리를 하면서 손가락은 자동적으로 자신의 일을 처리하고 있는 셈이다. 타이피스트가 의미를 모르면서 말을 글로 옮기는 것과 같다.

그러나 우리는 수업을 들으면서 적는 것에 대해 생각해 보려고 한다. 수업을 들으면서 자판을 두들길 수는 없다. 소리가 나기 때문이다. 그래서 필기구를 사용해서 공책에 글로 옮긴다. 그런데 글을 쓰는 동안 선생님이 설명하고 있는 내용을 놓치면 내용을 모르게 될 수도 있고 오해하게 될 수도 있다. "해는 움직이지 않지만 지구가 자전을 하기 때문에 현상으로 보면 동쪽에서 뜨는 것처럼 보인다."라고 한 선생님의 말을 필기하느라 잘 듣지 않으면 나중에 해는 동쪽에서 뜬다고 필기를 해 놓은 것을 확인할 수 있다.

연습을 통해 귀로는 설명을 들으면서 관련 자료를 힐끔 들여다보는 동시에 손으로는 기자회견장의 기자처럼 설명하는 말을 그대로 옮겨 적을 수 있을까? 빠른 글씨로 일부 중요한 문장을 적을 수는 있지만 타이핑하는 속도로 글을 쓰기는 불가능하다. 글씨를 빠르게 쓰면 중요한 문장을 받아 적어둘 수 있다는 장점이 있다. 그렇지만 모든 말을 적을 수는 없다.

말을 들으면서 낙서하듯 끄적이는 수준으로 필기하면 듣기에 방해를 덜 받는다. 그래서 필기를 할 때는 문장 수준으로 하지 말고 핵심어 수준으로 하여야 한다. 필기를 하는 동안 듣지 못하는 내용은 손실이다. 그러나 핵심어를 적어두는 것만으로도 잊어버렸을 정보를 잡아두는 효과가 있으므로 필기는 반드시 해야 한다. 그래서 필기를 하지만 핵심어 수준에서 할 것을 권장한다.

이런 필기는 정리하는 필기와는 다르다. 수업을 마치고 내용을 정리하면서 필기를 하는 상황이라면 구조적으로 필기를 해서 나중에 알아볼 수 있어야 한다. 그런데 수업 중 필기를 하는 것은 자신만의 방법을 개발해서 사용하면 된다. 초등학교 4학년이면 생각 그물로 정리하는 방법도 배웠으므로 구조화가 즉석에서 가능하도록 연습하면 된다.

인내심 발휘하기

수업 내용을 전혀 몰라 시간을 죽이면서 '견디고 있는' 학생들이 많다. 필수로 배워야 할 과목인 문학에서 정철의 〈관동별곡〉을 배우는데 무슨 말인지 도무지 알 수가 없다. 선생님의 설명은 귀에 들어오지 않고 간간이 들려주시는 농담만 기억에 남는다. 선생님의 설명이 이어지는 대목에서는 그저 딴생각만 하고 있다.

江湖애 病이 깁퍼 竹林에 누엇더니 關東 八百里에 방면을 맛디시니 어와 聖恩이야 가디록 罔極ㅎ다. 延秋門 드리ㄷ라 경회남문 ㅂ라보며 하직고 물러나니 (후략)

....

정철이 한때 관직에서 물러나 있었거든. 벼슬하고 싶었던 사람이 물러나 있으니 얼마나 속상하고 힘들었겠어. 그런데 글에서는 "江湖애 病이 깁퍼 竹林에 누엇더니"라고 하고 있거든. "江湖애 病이 깁퍼"는 자연을 사랑하는 마음이 병이 될 지경이라는 말이야. 〈나는 자연인이다〉라는 방송 봤지? 거기 나오는 사람들 보면 어떤 이유로든지 세상을 등지고 살아가고 있는데, 다시 세상으로 나갈 생각이 없어 보이잖아? 정철도 그런 마음이었다는 거지.

그런데 임금님이 관동지방의 방면을 맡겨 주셨대. 관동지방은 어딘지 알지? 몰라? 찾아봐. 지금의 강원도 지방이지. 그런데 처음에는 관동지방은 영동지방을 가리키는 말이었는데, 나중에는 강원도 전체를 가리키는 말로 바뀌지. 다시 관동지방 관찰사를 "너 해."라고 하셨다는 거지. 관찰사를 뭐 했다고 하지? 제수. 그렇지. 임금님이 관찰사를 제수해 주셨다. 이거지. 그런데 자연을 사랑하는 게 병이 될 지경인 사람이 관찰사 하란다고 성은이 망극하다고 하면 앞뒤가 안 맞지? 그러니까 "江湖애 病이 깁퍼 竹林에 누엇더니"라는 말은 '벼슬에서 쫓겨나 낙향해서 지내던 중' 정도여야 앞뒤가 맞지. 가디록은 갈

수록의 옛말이야.

정철은 성은이 망극해서 이어서 어떻게 했어? 연추문으로 들이 달렸대. 연추문은 경복궁의 서쪽 문이야. 지금 현판은 영추문이라고 써 있어. 남문은 뭐지? 광화문. 맞아. 그럼 동문은? 모르지? 건춘문. 북문은? 신무문이야. 조선시대에는 신분에 따라 다른 문으로 다녔어. 연추문은 문무백관이 주로 다니던 문이지. 하여간 급한 마음에 연추문 드리다라 경회남문 바라보며 하직 인사를 하고 나왔대. 정철의 글솜씨는 정말 대단해. 영화로 말하자면 시간의 일치를 벗어난 사건 전개를 하는 것인데, 이런 기법을 처음 쓴 영화는 〈전함 포템킨〉이었어. 이 영화는 1925년에 제작되었는데 함선에서 대포를 쏘면 날아가는 과정이 없이 바로 오데사 계단이 폭파되고 사람들이 우왕좌왕하는 모습은 몽타주 기법으로 편집되었어. 계단에서 유모차가 굴러내리는 장면은 다른 영화에서도 차용되었지. 이전의 영화는 시간의 일치를 중시했는데, 드디어 실제 시간과 영화 속 시간이 일치하지 않는 표현 기법이 시작된 거지. 그런데 정철은 이미 16세기 말에 시간을 줄여 표현하는 기법을 쓴 거지.

수업이 이어지는 동안 학생들은 이런 생각을 하고는 한다. '도대체 이런 걸 배워서 뭐에 쓴다는 거야? 지겨워 죽겠네.'

관심을 가지면 지겹지 않다. '과연 정철은 어떤 인물이었을까? 왜 가마 타고 말 타고 관내 순시를 했을까? 왜 시골에 있었고 어떻게 관찰사에 임명되었을까? 선생님 말씀을 들어보니 몽타주 기법이나 시간의 불일치 기법 등을 찾아보고 싶어졌어. 〈전함 포템킨〉 영화를 한번 봐야지. 그런데 1925년 영화를 어디서 찾아볼 수 있나?' 이런 호기심을 가지고 글을 보면 지겹지만은 않다.

선생님은 수업을 하면서 물어보는 말로 학생과 소통한다. 학생은 선생님의 말을 제대로 알아듣고 생각을 따라가고 기존 배경지식을 바탕으로 새로운 지식을 구성한다. 그러기 위해서는 잘 들어야 한다. 지겨워서 안 듣기 시작하면 영원히 듣지 않게 된다.

일상생활 속의 인내

친구가 나는 별로 관심이 없는 주제에 대하여 장광설을 펼치고 있다. 들어주기는 해야 하겠지만 매우 인내심이 있어야 한다. 친구의 이야기를 자르고 반박하면 친구 관계는 멀어지게 될 것이다.

고양이는 아침에 일어나면 자기 몸단장을 하더라고. 그래서 고양이는 목욕을 안 시켜줘도 언제나 깨끗한가 봐. 배변 훈련 시키는 것도 강아지보다 쉬워. 모래를 깔아 주어야 하는데, 입자가 고운 모래를 좋아하는 고양이도 있고 두부 모래를 좋아하는 고양이도 있으니까 고양이가 어떤 모래를 좋아하는지 테스트를 해 보고 5cm 이상 깔아 주면 돼. 용변을 보고 난 뒤에 모래 덮는 훈련도 해야 하는데, 한두 번 시범을 보여 주면 고양이가 따라 해. 영리하지? 훈련을 시키지 않아도 화장실은 깨끗하고 조용한 데 만들어 주면 배변 실수를 하지는 않아. 고양이 물그릇 밥그릇은 화장실에서 멀리 두어야 해.

사실 고양이는 야행성이거든. 우리 식구들이 나가고 없는 낮에 고양이는 잠지고 있다가 우리가 들어왔을 때부터 놀기 시작할 수도 있어. 그렇더라도 고양이를 외롭게 두면 안 돼. 놀아줄 땐 신나게 놀아주어야 해.

친구가 나는 전혀 관심이 없는 고양이 이야기를 장황하게 하더라도 끝까지 들어줘 보자. 살다 보면 인내심을 가지고 들어야 할 일이 생기는데, 평소에 싫어하거나 관심 없는 분야의 이야기를 듣게 되더라도 끝까지 듣는 습관을 들여 두면 말하는 상대의 마음을 받아들일 수 있게 된다. 상대도 자신의 말을 끝까지 들어준 이를 신뢰하게 된다.

내가 싫어하거나 관심이 없는 분야의 이야기로 자꾸 듣다 보면 그 분야의 정보를 얻게 된다. 고양이 이야기를 듣는 동안 그동안은 무관심해서 몰랐던 고양이에 대한 궁금증이 생길 수도 있다.

또는 싫어하는 분야의 이야기를 비판적으로 들을 수도 있다. 이야기를 다 듣고 말하는 이의 주장이 맞는지 찾아서 검증할 수도 있다. 의견은 엇갈릴 가능성을 언제나 내포하고 있다.

옛날에는 흑산도 홍어가 유통이 되지 않아 홍어를 잡아 봐야 동네에서 나눠 먹는 수밖에 없었어요. 그런데 지금은 홍어를 잡아서 팔면 돈이 됩니다. 그래서 옛날보다 살기가 좀 나아졌죠.

....

A: 한 사십 년 전만해도 삭힌 홍어를 먹는 사람이 별로 없었어. 암모니아 냄새가 심해서 먹기가 쉽지 않았거든.

B: 옛날에는 도로 사정이 좋지 않아서 유통이 안 되었을 거야. 고속도로가 생기니까 홍어가 전국에서 팔리게 된 거 아냐?

A: 고속도로 없던 시절에도 굴비를 전국에서 팔았던 걸 보면 홍어를 전국에서 팔지 못한 거는 사람들이 먹지 않았기 때문이라니까. 스웨덴에서는 수르스트뢰밍이라는 청어 삭힌 걸 먹는데 냄새로 말하면 홍어보다 더 심하지. 먹는 습관이 들면 악취도 기호품이 되는 거라니

까. 더구나 홍어는 홍어삼합으로 팔리면서 이제는 대중적이 되었지.

　B: 옛날엔 안 먹었던 게 이제는 기호품이 되었다는 게 말이 되냐? 우길 걸 우겨야지.

둘이서 같은 주제에 대해 언쟁을 하거나 이견이 있으면 상대방의 이야기를 주의 깊게 듣는다. 위 대화를 보면 두 사람 모두 듣기는 제대로 하고 있어 보인다. 배경지식의 차이로 상황에 대한 인식이 다를 뿐이다. 언쟁과 이견을 잘 조율할 수 있다면 오히려 관계가 더 좋아진다. 그만큼 서로의 말을 귀기울여 들었기 때문이다. 의견이 다른 말이라도 잘 듣고 이야기를 나누면 인내심도 기를 수 있고 듣기 훈련도 된다.

내가 관심 없거나 싫어하는 분야의 이야기를 듣고 아래 질문
에 답해 보자.

1) 어떤 분야의 이야기인가요?

2) 이야기 길이는 몇 분 정도였나요?

3) 들은 내용을 요약할 수 있나요? 할 수 있다면 적어 봅시다.

4) 궁금한 점, 비판적으로 보아야 할 점을 찾아봅시다.

5) 다 듣고 난 소감을 적어 봅시다.

소통하는 사회를 위해 청해력을 살려야 한다

의사소통 도구는 사용하기 쉽고 배우기 쉬워야 개인의 인권이 보장된다. 한자를 공용 문자로 삼았던 시대에 일반인은 글로 쓴 문서를 읽을 수 없었고 편지를 보내고 받을 수도 없었다. 문자를 모르는 사람의 답답함을 상상해 보면 쉬운 문자의 고마움을 금세 수긍할 수 있다. 한글은 워낙 배우기 쉬워서 글을 읽고 쓰지 못하는 사람은 거의 없다. 이에 반하여 이집트, 중동 지방의 문맹률은 매우 높다고 한다. 경제적인 이유로 학교에 다니지 못했기 때문이기도 하지만 문자가 어려워 배우지 못했기 때문이라고도 한다.

말로 의사소통하는 방식은 어머니로부터 배우기 시작한다. 어머니와 가족이 사용하는 언어를 통하여 아이는 2, 3년 안에 상당한 수준의 언어 생활을 누린다. 말은 참 쉽게 배운다. 쉽게 배우는 모국어는 봄날의 공기와 같이 따스하고 향기롭다. 모국어가 통하지 않는 외국에서 느끼는 고립감이나 난감함은 고산에 올라가면 공기가 소중하다고 느끼는 것과 같다. 그런데 의사소통을 방해하는 문제로 인하여 숨을 쉬기 어려워하는 사람들이 생기고 있다.

낯선 외국어는 의사소통을 방해한다. 우스갯소리로 시어머니가 찾아오기 어렵게 아파트 이름이 헷갈리는 외국어로 짓는다는 말이 있다. 그러다 보니 시누이와 같이 오시더라는 말도 이어지지만, 하여간. 새로 생긴 아파트 단지를 보면 엠코타운센트로엘, 플로리체, 더자이시티, 신안인스빌아스트로, 호반서밋에비뉴 등 이름이 화려하다. 우리말로 된 아파트는 이름이 촌스러워 값이 낮다는 인식이 있다며 잘 쓰던 이름을 외국어 이름으로 바꾸기도 했다. 어려운 이름들은 구체적 지명의 구실을 하지 못한다. 초행자라면 택시를 타고 "엠코타운센트로엘 가주세요."라고 하기도 어렵고 기사도 잘 알아듣기 어렵다. 그렇게 되면 그냥 퉁쳐서 아파트일 뿐이다.

외국어가 의사소통을 방해하는 일은 새로운 사물이나 체계에 외국 이름을 붙여 만들거나 외국어를 그대로 사용해서도 생긴다. 실버라이프케어바우처와 같은 말은 노인을 서비스에서 소외시킨다. "반려동물을 기르는 사람이 늘면서 펫로스 증후군을 앓는 사람도 많아졌다."라는 말이 이해가 안 되는 것은 펫로스라는 어휘 때문이다. 식당에서 손님이 직접 음식을 주문하는 장치는 키오스크라고 한다. "음식 주문은 키오스크에 해 주세요."라는 말을 듣고 당황해 하는 사람도 많다. 소통이 되려면 대부분의 사람들이 아는 우리말 낱말로 이름을 지어야 한다. 펫로스 증후군은 반려동물상실증후군으로, 키오스크는 무인단말기라고 하면 된다.

어려운 한자어도 의사소통을 방해한다. '심심한 사과'를 심심해서 사과한다는 말로 알아듣는 세대가 있는 것은 '심심한'이라는 어휘가 지금은 생명을 잃어가는 말이기 때문이다. 생명을 잃어가는 말을 쓰면 이 말에서 소외된 사람들은 이해하지 못해 사이가 벌어지게 된다. '알력이 심하다', '영어의 몸이 되었다.' 등 현재는 안 쓰는 말은 많이 사용하는 말로 써야 잘 듣는다. 새로 쓰기 시작하는 한자어도 유의해야 한다. 처음부터 '비말을 막기 위해 마스크를 쓴다'고 하지 말고 침방울을 막기 위해라고 써야 한다.

은어도 의사소통을 방해한다. "그 카페의 커피는 정말 알잘 딱깔센 그대로야."라는 말은 알잘딱깔센이라는 어휘의 뜻을 모르면 알아들을 수가 없다. '알잘딱깔센'은 '알아서, 잘, 딱, 깔끔하게, 센스있게'의 머리글자를 따서 새로 만든 말이다. 과거에도 은어는 듣기를 방해하는 요인으로 지적되어 왔지만 현대 사회에서는 줄임말과 신조어가 넘쳐 심각한 상태가 되었다.

언어는 생명체와 같아 새로운 말과 표현이 생성되고 의미가 확장되거나 축소되기도 하다 죽은 말이 된다. 이런 과정에서 풍성한 의사소통의 기쁨을 누릴 수도 있지만 낯선 말과 낯선 표현으로 인하여 의사소통에서 소외되는 사람들이 늘어나게 된다. 바르고 즐거운 의사소통을 위하여 어휘 사용에 더 유의해야 할 때다.

듣기의 문제는 말하기와 연결되어 있다. 글로 쓸 때보다 말할 때 어휘를 더 많이 생략하고 주술 관계가 맞지 않는 말도 더 많이 구사한다. 이런 비문을 이해하는 것이 듣기 능력의 시작이다. 그래서 예상하면서 듣기, 따져 듣기가 필요하다. 말할 때 듣는 이를 배려한다면 주술 관계에서 벗어나는 말, 주어와 수식어만 잔뜩 늘어놓고 서술어를 생략하고 다음으로 넘어가는 말은 하지 말아야 한다.

역시 가장 어려운 듣기는 토론에서 토론자로 참여해서 다른 토론자의 발언을 들을 때다. 들으면서 주장의 주제와 논거의 타당성을 파악해야 한다. 동시에 내가 준비한 주장을 수정하면서 발언을 준비해야 한다. 토론에서 듣는 사람의 뇌는 슈퍼컴퓨터와 같다. 좋은 토론자가 되기 위한 연습을 거듭하면 경청하기, 상대방 말을 제대로 알아듣기, 따져 듣기, 내가 할 말 준비하며 듣기 등 모든 듣기 훈련이 이루어진다. 더불어 상대를 배려하면서 말하기까지 훈련할 수 있다. 토론 문화가 확산되면 청해력 부족 문제도 해소될 것이다.

참고문헌

교육부, 〈초중등학교 교육과정 총론〉, 2022.12.22.

교육부, 〈국어과 교육과정〉, 2022.12.22.

스티브 마틴, 조지프 마크스 저, 《메신저》, 김윤재 역, 2021.

캐럴 드웩 저, 《마인드셋》, 김준수 역, 스몰빅라이프, 2023.

존 듀이 저, 《하우 위 싱크》, 정회욱 역, 학이시습, 2011.

올더스 헉슬리 저, 《멋진 신세계》, 안정효 역, 소담출판사, 2015.

고한솔, "본격적으로 어른이 된 그대에게 [뉴스 큐레이터]', 한겨레, 2022.09.02.

〈"제 대학 생활은 길 잃음의 연속.." 졸업생 감동시킨 필즈상 허준이 졸업식 축사〉, 서울대학교 Seoul National University, https://youtu.be/OLDhaqosPtA

제레드 쿠니 호바스 저, 《사람은 어떻게 생각하고 배우고 기억하는가》, 김나연 역, 토네이도, 2020.

나태주, 《풀꽃》, 지혜, 2021.

김구, 《쉽게 읽는 백범일지》, 돌베개, 2005.

아이의 청해력

공부 능력이 향상되는 듣기의 힘

초판 1쇄 발행 2023년 4월 19일

지은이 진동섭
펴낸이 박영미
펴낸곳 포르체

책임편집 김선아
편집팀장 임혜원 편집 김성아
마케팅 손진경 김채원
디자인 황규성

출판신고 2020년 7월 20일 제2020-000103호
전화 02-6083-0128 | 팩스 02-6008-0126
이메일 porchetogo@gmail.com
포스트 https://m.post.naver.com/porche_book
인스타그램 www.instagram.com/porche_book

여러분의 소중한 원고를 보내주세요.
porchetogo@gmail.com